U0046867

鑑前世之興衰，考當今之得失，嘉善矜惡，取是捨非

打開傳說中的書
About ClassicsNow.net

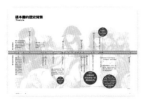

關鍵時間、人物、地點，在書前有簡明要點。

「1.0」：以跨越文字、繪畫、攝影、圖表的多元角度，破解經典的神秘符號。

「2.0」：以圖像來重現原典，或者重新做創作性的詮釋。

大約一百年前，甘地在非洲當律師。有天，他要搭長途火車，朋友在月台上送了他一本書。火車抵站的時候，他讀完了那本書，知道自己的未來從此不同。因為，「我決心根據這本書的理念，改變我的人生。」

日後，甘地被稱為印度聖雄的一些基本理念與信仰，都可溯源到這本書*。

◎

閱讀，可以有許多收穫與快樂。

其中最神奇的是，如果我們有幸遇上一本充滿魔力的書，就會跨進一個自己原先無從遭遇的世界，見識到超出想像之外的天地與人物。於是，我們對人生、對未來的認知與準備，截然改觀。

◎

充滿這種魔力的書很多。流傳久遠的，就有了「經典」的稱呼。

稱之為「經典」，原是讚嘆與敬意。偏偏，敬意也容易轉變為敬畏。因此，不論中外，提到「經典」會敬而遠之，是人性之常。

還不只如此。這些魔力之書的內容，包括其時間與空間的背景、作者與相關人物的關係、遣詞用字的意涵，隨著物換星移，也可能會越來越神秘，難以為後人所理解。

於是，「經典」很容易就成為「傳說中的書」——人人久聞其名，卻沒有機會也不知如何打開的書。

我們讓傳說中的書隨風而逝，作者固然遺憾，損失的還是我們。

每一部經典，都是作者夢想之作的實現；每一部經典，都可以召喚起讀者內心的另一個夢想。

讓經典塵封，其實是在封閉我們自己的世界和天地。

◎

何不換個方法面對經典？何不讓經典還原其魔力之書的本來面目？

這就是我們的想法。

因此，我們先請一個人，就他的角度，介紹他看到這部經典的魔力何在。

再來，我們以跨越文字、繪畫、攝影、圖表的多元角度，來打開困鎖住魔力之書的種種神秘符號。

然後，為了使現代讀者不會在時間和心力上感到太大壓力，我們挑選經典原著最核心、最關鍵的篇章，希望讀者直接面對魔力之書的原始精髓。此外，還有一個網站，提供相關內容的整合、影音資料、延伸閱讀，以及讀者互動的可能。

因為這是從多元角度來體驗經典，所以我們稱之為《經典3.0》。

◎

最後，我們邀請的就是讀者，您了。

您要做的唯一的事情，就是對這些魔力之書的光環不要感到壓力，而是好奇。

您會發現：打開傳說中的書，原來就是打開自己的夢想與未來。

「3.0」：經典原著中，最關鍵與最核心的篇章選讀。

ClassicsNow.net網站，提供相關影音資料及延伸閱讀，以及讀者的互動。

*那本書是英國作家與思想家羅斯金（John Ruskin）寫的《給未來者言》（*Unto This Last*）。

經典3.0
ClassicsNow.net

古代中國的圖像長卷

資治通鑑

Comprehensive Mirror for Aid in Government

司馬光 原著

張元 導讀

謝祖華 2.0繪圖

他們這麼說這本書
What They Say

插畫：小事

此天地間必不可
無之書，
亦學者必不可不
讀之書

王鳴盛

📅 1722 ～ 1797

💬 清代史學家、經學家，其著作《十七史商榷》為清代三大史學名著之一。他相當推崇《資治通鑑》，並指出：「此天地間必不可無之書，亦學者必不可不讀之書」，認為「讀十七史，不可不兼讀《通鑑》。《通鑑》之取材，多有出正史之外者，又能考諸史之異同而裁正之。昔人所言，事增於前，文省於舊，惟《通鑑》可以當之」。

明太祖朱元璋

📅 1328 ～ 1398

💬 推崇《資治通鑑》，每日早晨進行研讀，他認為從這本書中「習聞明知古代帝王之道，身體力行《通鑑》原則」。

習聞明知古代
帝王之道，
身體力行《通鑑》原則

感謝司馬光先生
和他的編輯群，
把這個最混亂的
時代，整理出一
個綱要

柏楊

📅 1920 ～ 2008

💬 作家，曾以《異域》、《中國人史綱》聞名，並將《資治通鑑》重新以現代白話文翻譯成《柏楊版資治通鑑》。他曾提及：「感謝司馬光先生和他的編輯群，把這個最混亂的時代，整理出一個綱要，在浩如煙海的史籍中，《資治通鑑》是唯一的一部，使人對五胡亂華留下深刻印象的巨著。除了《通鑑》，全世界還沒有第二部書，有這麼大的功能。」

曾國藩

📅 1811 ～ 1872

💬 中國近代政治家、軍事家與理學家，著作收錄於《曾文正公全集》。他肯定這本書經世致用的價值，並指出：「若能讀此書，將來出而任事，必有所持循而不致失墜」。

若能讀此書，
將來出而任事，
必有所持循而不致失墜

張元

📅 1943～

💬 這本書的導讀者張元，是國立清華大學歷史所榮譽教授。他指出為何要念《資治通鑑》的原因，認為：「只要我們仔細閱讀那記載著一千三百六十二年歲月的篇章，用心去體會許許多多的記錄者、撰述者，一字一句寫下這些文字時，蘊藏心中的關懷與感動，這些圖像與情景就會發生撼動的力量，讓我們有所轉化。」

讓我們成為繼承
傳統優良文化，
形塑明日理想社會
的好公民。

你

📅 ？

💬 在二十一世紀此刻的你，讀了這本書又有什麼話要說呢？請到ClassicsNow.net上發表你的讀後感想，並參考我們的「夢想實現」計畫。

你要說些什麼？

和作者相關的一些人
Related People

插畫：小事

📅 980 ～ 1041

💬 司馬光之父，曾任永寧縣主簿等職。他為官清廉，為人正直，並以此教育子女。他曾因為同僚嫉妒、上奏彈劾，因而遭到貶官，卻不因此記恨報仇，德行因而廣受稱譽，其生平事蹟見於《宋史・列傳》第五十七中。

司馬光

司馬池

📅 1019 ～ 1086

💬 字君實，號迂叟，別名涑水先生，諡號文正，為北宋重要的政治家、文學家與史學家，在1085年入京主政後，盡廢新法，是為「元祐更化」。他為人正直謙恭，誠實儉樸，政治歷練豐富，著作產量眾多，包括《涑水紀聞》、《稽古錄》、《獨樂園詩稿》等，其中以耗費十數年的《資治通鑑》尤為知名。他的文章風格不尚華麗辭藻，說理透徹清晰，蘇軾評為「文詞醇深」，連政敵王安石都讚嘆「君實之文，西漢之文也」。

📅 1048 ～ 1085

💬 本名趙頊，為北宋第六代皇帝，在位期間為1068至1085年。宋神宗即位後命王安石推行變法，欲振興北宋王朝。他亟欲勵精圖治、殲滅西夏，曾因靈武之役慘敗而於朝中當眾痛哭，之後取西羌未果，抱憾而終。

宋神宗

王安石

📅 1021～1086

💬 字介甫，號半山，謚號文，為北宋的政治家、文學家、思想家，為唐宋八大家之一。他充滿政治抱負，曾著《上仁宗皇帝言事書》，倡議政治改革，在神宗即位時獲得重用，以滿腔理想實施變法改革，是為「熙寧變法」。由於與司馬光在變法改革的意見相左，著有《答司馬諫議書》回應司馬光對新政的批評。他的為人不拘小節、特立獨行，有《王臨川集》、《臨川集拾遺》等作品傳世。

📅 1032～1093

💬 宋英宗皇后，宋神宗的母親，反對王安石的變法改革，在1085年哲宗繼位後垂簾聽政，召司馬光入京主政。由於在她執政期間勵精圖治，創造了北宋最後一個經濟繁榮、政治清明的時期，後世譽為「女中堯舜」。

高太皇太后

龐籍

📅 988～1063

💬 北宋政治家，曾任樞密副使、昭文館大學士等職，被譽為「天子御史」，謚號莊敏。他不僅對司馬光「撫首提攜，愛均子姓」，視其如子，又推薦他入京擔任館閣校勘，因此司馬光曾作《奉和始平公憶東平二首》感念龐籍的知遇之恩。

這本書的歷史背景
Timeline

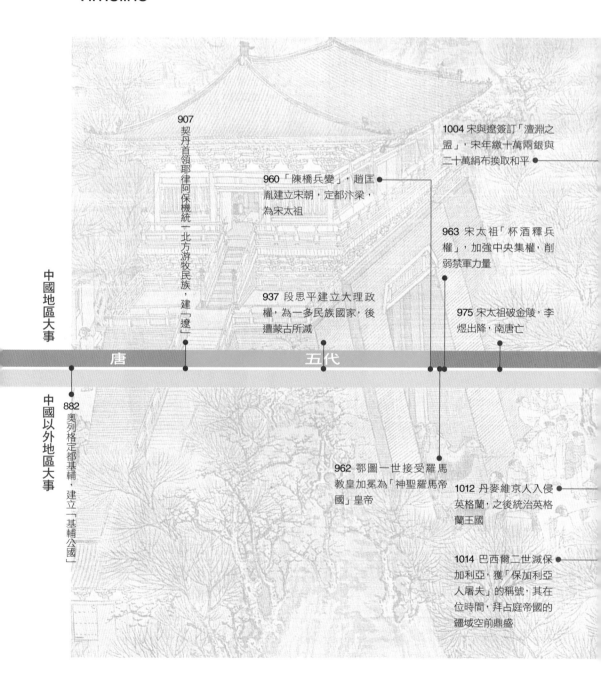

907 契丹首領耶律阿保機統一北方游牧民族，建「遼」

1004 宋與遼簽訂「澶淵之盟」，宋年繳十萬兩銀與二十萬絹布換取和平

960「陳橋兵變」，趙匡胤建立宋朝，定都汴梁，為宋太祖

963 宋太祖「杯酒釋兵權」，加強中央集權，削弱禁軍力量

937 段思平建立大理政權，為一多民族國家，後遭蒙古所滅

975 宋太祖破金陵，李煜出降，南唐亡

中國地區大事

唐　　　　　　五代

中國以外地區大事

882 奧列格定都基輔，建立「基輔公國」

962 鄂圖一世接受羅馬教皇加冕為「神聖羅馬帝國」皇帝

1012 丹麥維京人入侵英格蘭，之後統治英格蘭王國

1014 巴西爾二世滅保加利亞，獲「保加利亞人屠夫」的稱號，其在位時間，拜占庭帝國的疆域空前鼎盛

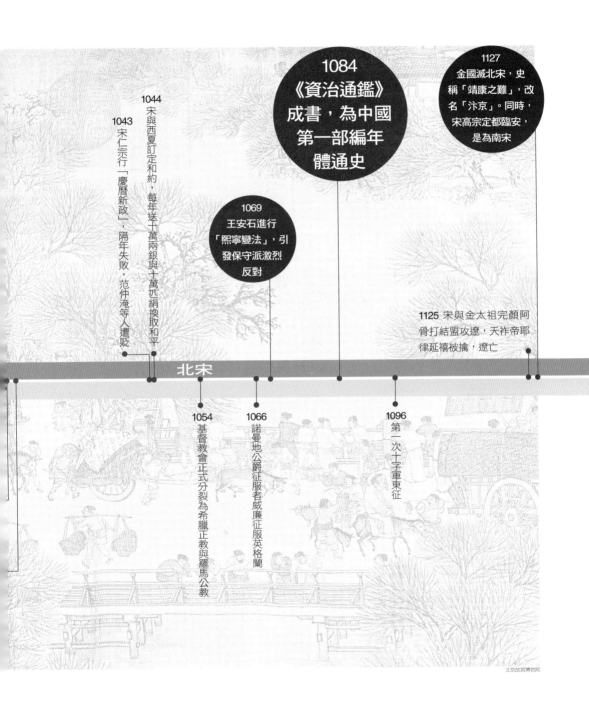

1084
《資治通鑑》
成書，為中國
第一部編年
體通史

1127
金國滅北宋，史
稱「靖康之難」，改
名「汴京」。同時，
宋高宗定都臨安，
是為南宋

1044
宋與西夏訂定和約，每年送十萬兩銀與十萬匹絹換取和平

1043
宋仁宗行「慶曆新政」，隔年失敗，范仲淹等人遭貶

1069
王安石進行
「熙寧變法」，引
發保守派激烈
反對

1125 宋與金太祖完顏阿
骨打結盟攻遼，天祚帝耶
律延禧被擒，遼亡

北宋

1054
基督教會正式分裂為希臘正教與羅馬公教

1066
諾曼地公爵征服者威廉征服英格蘭

1096
第二次十字軍東征

北京故宮博物院

這位作者的事情
About the Author

幼年以石砸缸救同伴，故事流傳於京師、洛陽一帶，並繪製成圖

1038 中進士甲科，娶禮部尚書張存之女為妻

1019 陝州夏縣涑水鄉人，出生於光州光山縣，因而名曰「光」，世稱「涑水先生」，其父司馬池，官居四品

作者的事情

北宋

當時其他人的事情

986《文苑英華》成書，為起於梁末下迄五代的文學總集

1001-1008 日本作家紫式部著書《源氏物語》，為世界上最早的長篇小説

1038 希臘歷史學家John Skylitzes約於此時出生，其生平重要著作為《Synopsis of Histories》，撰述拜占庭自811至1057年的歷史

1041 喪父，回鄉守喪三年

1046 范仲淹因重修岳陽樓而作《岳陽樓記》，抒發憂國憂民情懷

1053 歐陽修私撰的《新五代史》成書

1054 隨樞密副使龐籍至并州為官，為感念其知遇之恩，司馬光曾作《奉和始平公憶東平二首》

1057 龐籍因事獲罪，司馬光離開并州

1059 任蔡襄著《荔枝譜》，為中國第一本荔枝專書

1061 任職起居舍人同知諫院

1066 進《通志》一書，內容為自戰國至秦之史事，宋英宗下詔命其繼續編寫，名為《歷代君臣事蹟》。司馬光並推薦劉恕、劉攽共同參與，為後來《資治通鑑》前身

1067 神宗繼位，「以資於治道」之意而賜名《資治通鑑》，並撰《資治通鑑序》贈之

1068 司馬光與王安石共議國家財務問題，前者重節流，後者重開源。神宗選擇王安石之意見，命為參知政事，議定新法

1070 司馬光作《與王介甫書》責難王安石，之後自請離京，退居洛陽續纂《資治通鑑》

1070 王安石作《答司馬諫議書》，回覆司馬光對新政的批評

1082 蘇軾寫作《黃州寒食詩帖》

1084 完成《資治通鑑》並進獻神宗。司馬光於《進通鑑表》中自敘「臣之精力，盡於此書」。之後升為資政殿學士

1085 宋哲宗即位，司馬光入京任尚書左僕射兼門下侍郎，盡廢新法，史稱「元祐更化」

1086 因病逝世，朝廷贈太師溫國公，諡「文正」

1086 威廉征服英國後，編定「土地調查書」以徵收土地稅，加重人民負擔，又名「末日審判書」

文甜元繪

這本書要你去旅行的地方
Travel Guide

山西

● 夏縣 司馬溫公祠

位水頭鎮小晁村，占地面積近百畝，內有溫公祠堂、余慶禪院與司馬光墓，現陳列司馬光作品與《資治通鑑》各版本。

TOP PHOTO

TOP PHOTO

● 夏縣 司馬溫公祠碑

司馬溫公祠內共有兩座碑，一為魚子碑，一為杏花碑，後者即為司馬溫公神道碑。而現今的神道碑為1523年復立。碑座長3.53公尺，寬1.8公尺，高1.35公尺，總高8.17公尺。初建時為三層木結構，1872年改建為磚結構。

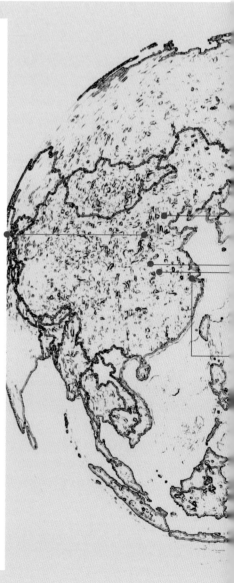

北京

TOP PHOTO

● 北京 中國國家圖書館
位北京市海淀區南大街，藏有《資治通鑑》手稿殘卷，為海內外孤本，經學者證實為初稿，上有乾隆皇帝印記，證明其曾為乾隆的藏書。

河南

TOP PHOTO

● 光山縣 司馬光故居
位正大街，司馬光出生於此，占地1000多平方公尺，設有司馬光生平展室、司馬井與司馬光砸缸塑像，藏有宋代石碑刻等文物。

● 洛陽 獨樂園
遺址位偃師市諸葛鎮司馬街，司馬光曾作《獨樂園》一文描述在洛陽購二十畝田為家園並設置讀書堂，其他詩文中或稱「南園」，是其潛心著述《資治通鑑》之處。

浙江

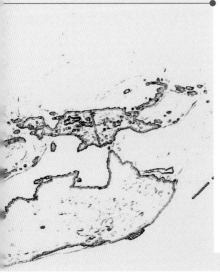

TOP PHOTO

● 杭州市 家人卦刻石
位南屏山麓，登山可覽西湖風光，《家人卦》刻於岩石上，傳為司馬光所書，高與寬近3公尺，共兩百零四字，內容為修身之道，側有米芾題「琴台」二字。

11

目錄 古代中國的圖像長卷 資治通鑑
Contents

封面繪圖：小事

02 —— 他們這麼說這本書
What They Say

04 —— 和作者相關的一些人
Related People

06 —— 這本書的歷史背景
Timeline

08 —— 這位作者的事情
About the Author

10 —— 這本書要你去旅行的地方
Travel Guide

13 —— **導讀** 張元

我們看到過去的事件，宛如一幕又一幕的展現，其中有逐漸興盛的氣勢，也有衰敗下場的過程。同時讓我們看到歷史舞台上，有很多教人欽佩感動的明君賢臣、英雄豪傑；也有不少令人厭惡不齒的昏暴君臣、佞倖小人。我們從這些過去的經驗中，既可以明白事情的道理，也可以領悟人生的意義。

61 —— **千年一瞬** 謝祖華

79 —— **原典選讀** 司馬光原著

漢主病篤，命丞相亮輔太子，以尚書令李嚴為副。漢王謂亮曰：「君才十倍曹丕，必能安國，終定大事。若嗣子可輔，輔之，如其不才，君可自取。」亮涕泣曰：「臣敢不竭股肱之力，效忠貞之節，繼之以死！」漢主又為詔敕太子曰：「人五十不稱夭，吾年已六十有餘，何所復恨，但以卿兄弟為念耳。勉之，勉之！勿以惡小而為之，勿以善小而不為！惟賢惟德，可以服人。汝父德薄，不足效也。自漢以下，所以詔敕嗣君者，謂有此言否？汝與丞相從事，事之如父。」

132 —— 這本書的譜系
Related Reading

134 —— 延伸的書、音樂、影像
Books, Audios & Videos

導讀

張元

國立清華大學兼任教授，國立台灣大學歷史系兼任教授，
著有《談歷史話教學》、《簡明中國歷史》（合著）以及高中歷史教科書多種

要看導讀者的演講，請到ClassicsNow.net

《通鑑考異》全書三十卷，宋代司馬光撰。司馬光編《通鑑》時，採集資料的來源非常豐富，各種傳聞和不同的記載較多。司馬光於是採用較為可信的說法寫入《通鑑》，考辨各種記載的同異，辨證其謬誤，並將這些內容單獨成書。《通鑑考異》採用編年的次序排列內容，包括時間、地點、事件之真偽、人物之行事等等。編修此書意在說明對於某些文獻記載取捨的理由。《通鑑考異》原自成一書，元朝胡三省作《資治通鑑音注》時，才將考異的內容分別記於各條史事之下。此書所用的考訂史事的方法，得到後世史家的高度評價。後人在考異上的成就，大都受到《通鑑考異》的影響，因此其在中國史學史上具有重要的地位。

我們常常會有一個想法，想回到過去，去看看那已經逝去的歲月。我們想乘坐科幻小說中的機器，穿越時光隧道，回到那幾十年前、幾百年前、甚至幾千年前，去看看當時的情景。我們知道，這個機器只存在於科幻小說之中，時光隧道只不過是人們的一種幻想而已。然而，過去對於我們卻有著恆久的吸引力，我們總覺得「今天」既是從「過去」演變發展而來，我們總不能對過去一無所知；反過來說，只有知道那已經消逝的過去，我們才能理解今天，也多了一點展望明

天的依據。

　　過去已經不存在了，卻未全然消失，它留下了一些片段，一些剪影，以及一些實實在在的物件。文字是語言的記錄，也是事情的載體，只要這些事情值得記載，文字就顯現了它的功能。於是，這些所謂「史書」上的文字記載，就成為我們認識「過去」的主要憑藉了。所以，我們今天知道的「過去」，不完全是那真正發生過的事情，而是經過存留、選擇、改寫，方才記載下來的「歷史」。

（上圖）北宋 張擇端《清明上河圖》（局部）。
《資治通鑑》成書於北宋中期，當時城市興起，工商發達，都市繁華的程度，可由《清明上河圖》窺見一斑。

每一個時代，都產生了許許多多的文字記錄，也都流傳著許許多多的事件情節，哪些要記下來，哪些可以捨棄，需要仔細斟酌；值得保留的這些，如何處理，要怎樣選取重點，要摘錄哪幾句話，用怎樣的文字陳述，也需要好好想過。歷史工作者的思慮與用心，往往決定了我們所見到的過去，將會呈現出一幅怎樣的面貌與圖像。

追求理想的時代

《資治通鑑》成書於北宋中期。時代的特色與氛圍，往往決定了這個時期著作的性格與氣質。那麼，北宋是一個怎樣的時代呢？中國歷史上，宋代的出現，結束了整個中古時代，開啟了嶄新的局面。新的時代，門閥世族消融了，法律上不再有良賤之分，人們基本平等；而且，富貴不傳三代，通過科舉考試，任何讀書人都有機會進入社會的上層。另一方面，各種物品的生產較前增加很多，工商發達，經濟繁榮，人口增加，城市興起，處處呈現出富裕熱鬧的景象。在這樣的背景下，人們的想法當然也與前代有著很大的不同，特別是在開國的一段時間之後，幾十年的和平安定，涵育出一股新風氣，一種強調既然讀書，就要負起責任的新觀念。范仲淹在秀才時，就覺得應該負起天下的責任，所謂士當「以天下為己任」。以天下為己任不是一句新的語詞，我們在史書上經常讀到，但都是朝廷宰相等重臣說的，他們當然要負起天下國家的大任；范仲淹只是一介書生，就說應該負起天下興亡的責任，這是過去從未見過的，同一時期的讀書人，如胡瑗、石介等人的表現中，我們看到同樣的心態。一個新時代的特有氣氛，就在范仲淹的一句話中呼喚出來了，這就是錢穆在《國史大綱》中所說的「讀書人的自覺精神」。

讀書人，讀什麼書？讀聖賢的書，也就是儒家的經典。讀著讀著，穿過表面的文字，稍稍懂得書中的義理，竟然發覺與身旁所見所聞，有著如此巨大的落差，怎麼辦呢？把我

TOP PHOTO

（上圖）司馬光，北宋文學家、史學家，他編纂的《資治通鑑》是中國第一部編年體史書。

Burstein Collection / CORBIS

們從經典中讀到的道理，在實際事物上加以呈現，這正是讀
書的目的所在，也是讀書人的責任所在。讀《易經》，了解
宇宙自然、萬事萬物的基本道理；讀《春秋》，明白人群國
家、政治社會的基本原則。從這裏開始，大家進一步、深一
層地不斷探究，理解愈來愈透徹，意境愈來愈高明，新的概
念形成了，新的學說出現了。另一方面，過去不談的「夷夏
之防」，今天不能不談；過去對中央和朝廷的漠然態度，也
應該予以調整，不妨打出「尊王」的旗幟，重新肯定。比起
上古、三代，那個典籍中的理想世界、黃金時代，唐代真是
治日少、亂日多，是不值得學習的。另外，佛教這個外來的
宗教，居然長期盤據人心，成為人們立身處世的指導，真是
儒者的奇恥大辱，我們一定要把這個最重要的陣地奪回來，
讓聖賢的理念成為社會大眾的生活指針。

　　過去的世界呢？上古、三代之外，我們知道多少呢？其實
不多，大家讀《史記》、《漢書》，主要欣賞並學習文章中那
宏偉的氣勢，美麗的辭藻；讀兩唐書，在於看看輝煌一時的

（上圖）宋徽宗《五色鸚鵡
圖》。
宋徽宗愛好藝術，其畫作以花
鳥見長，《五色鸚鵡圖》便是
其中代表，右側可見徽宗之瘦
金體。北宋中期社會安定，許
多文人書畫的經典著作皆產生
於此時。

王安石變法 源於宋神宗即位後，銳意革新，任用主張變法的王安石為參政知事，開始對政治、經濟、軍事各領域進行全面改革。王安石主政期間，不斷頒布新法，對政府機構進行改組，同時整頓軍隊，還對教育制度、科舉制度、地方行政制度進行調整。由於牽涉範圍廣，改革幅度劇烈，觸及到各方利益，而遭到韓琦、司馬光等重臣的強烈反對。王安石迫於外部的壓力以及變法派內部的分裂，先後兩次辭去相位，但其施政方針在宋神宗的支持下得以繼續執行。後由宣仁太后主政，起用司馬光為相，新法被全部廢除。王安石變法使北宋政壇分裂為「新黨」、「舊黨」兩大陣營。哲宗以後，「新舊黨爭」愈演愈烈，北宋政局日趨衰敗。

TOP PHOTO

（上圖）王安石像。王安石為北宋著名文人及政治家，而他最受後世爭議的便是變法革新。宋神宗時為解決社會積弊，決意變法，起用王安石等新黨人物。可惜新法立意雖好，推行時卻產生許多弊病，因此後代對於變法的評價差異頗大。

大唐帝國，是怎樣衰敗的，是外患、宦官，還是女主？其他呢？所知十分有限了。在這樣的一個事事追求理想的時代氛圍中，人們不能對過去的世界有一個完整的認識，怎麼說都是有待彌補的缺陷。

司馬光與胡三省的《通鑑》

陝西人司馬光，小時候打破水缸，救出溺水玩伴的故事，讀過書的中國人幾乎無不知曉。然而，他小時候喜歡讀歷史，知道的人就不多了。司馬光年七歲的時候，聽人講《左傳》，很喜歡，再講給家人聽，講得很完整。年紀再大一點，捧著一部《高氏小史》讀了又讀，這部唐人的作品，不過是把《史記》到《隋書》的內容加以摘抄而已。他讀得很有興味，這些故事真是太有趣了、太感人了，另一方面也不免覺得它真是有欠完整啊，有的地方點到為止，有的地方交代不清。這時心中自然會萌生一個念頭，我長大後，要寫一部理想的歷史書，要把過去世界中這些有趣味、有價值、有意義的事情，有系統地記載下來，讓大家能夠認識到我們的過去。

司馬光二十歲參加科舉，進士及第，同榜的有王安石。他與王安石同在「群牧司」任職，長官是包拯，就是後來以「包青天」的故事，成為家喻戶曉的那一位人物。群牧司牡丹盛開，包拯擺設酒宴，與僚屬們賞花飲酒作樂。包拯走到司馬光面前，要司馬光喝酒，司馬光不喜歡喝酒，但看到長官親自勸酒，也就喝了一口。包拯到了王安石面前，王安石說：「不喝」，就一口都不喝，連包拯也拿他沒辦法。這件事給司馬光很深刻的印象，也讓我們對於北宋的這兩位大人物的個性，多了一點了解。

宋神宗是敬佩司馬光的，只是最後採納了王安石的主張，實施了全面的改革，就是歷史上著名的「熙寧變法」，也稱之為「王安石變法」。司馬光對於王安石的政治理念始終不

TOP PHOTO

贊成，屢次寫信給王安石表達自己的意見，當然，對於執拗
的王安石而言，都是聽不進去的。神宗既重用王安石，司馬
光只有退出政壇，以編修一部歷史為志業了。

　　其實，編寫一部好的歷史，一直是司馬光心中的遠大理想與
終極關懷。在神宗之前的英宗朝，司馬光上書皇帝，要編一部
編年體的歷史，稱之為《通志》，得到英宗的支持。英宗在位
四年去世，神宗繼位，司馬光提出編寫史書的需求，神宗同意
支援，最初在京城開封，後來到西京洛陽，編寫的機構「書局」
都跟著司馬光。司馬光從朝廷得到了編書所需財力與人力的支
援，這是耗時長達十九年，終於完成的重要原因。

　　司馬光要寫的是編年體的史書，「編年體」這種按照時序
一年接著一年寫下來的史書，可以讓讀者對歷史有一個整體
的認識，效果超過《史記》、《漢書》之類的紀傳體。而「編
年體」的典範，就是《左傳》，《左傳》之後，雖然也有一

（上圖）明代殿試繪畫。宋代
主要以科舉取士，打破了從前
「上品無寒門，下品無士族」
之門閥，使得許多才能之士得
以在仕途上發揮經世致用的長
才。

司馬光的履歷

基本資料

姓名：司馬光

字號：字君實，號迂夫

別名：涑水先生

出生地：河南省光山縣

籍貫：山西省夏縣涑水鄉

出生年月：宋真宗天禧三年
（1019年十月十八日）

家庭成員：司馬池（父），司馬旦、司馬望（兄）

司馬望早夭，司馬光與長兄司馬旦極為友愛。元祐初，司馬光被召為門下侍郎但不願到任，司馬旦便對司馬光說：「生平誦堯、舜之道，思致其君，今時可而違，非進退之正也。」這番堯舜大道讓司馬光欣然赴任，也讓原本擔心司馬光會推辭的外界，稱讚此話為「長者之言」。

婚姻狀況：已婚，育有一子司馬康

妻子為吏部尚書張存之女，性格和柔敦實，一生未曾有過「忿懥之色，矯妄之言。」不僅支持司馬光的事業，也用心教子，司馬光曾寫《敘清河郡君》懷念張氏。

文胡元 繪

工作經歷	工作內容
進士甲科	司馬光的政治經歷豐富，為官清廉正直，勤勉負責。在地方任職時勤政愛民，獲得鄰里稱頌，在任職諫官期間對皇帝「勸儉戒奢」，提出不少針對科舉與經濟政策的改革。而他也總是能慧眼識才，拔擢後進，尤其在任職太常禮院期間，結識一名年僅十八歲卻才氣縱橫的考生劉恕，日後受詔編修《資治通鑑》時，便挑選劉恕為其助手，成為這部巨著成書的功臣之一。
奉禮郎華州判官	
大理評事	
館閣校勘	
太常禮院	
并州通判	
天章閣待制兼侍講	
知諫院	
龍圖閣直學士	
翰林學士兼侍讀學士	
端明殿學士	
資政殿學士	
尚書左僕射兼門下侍郎	

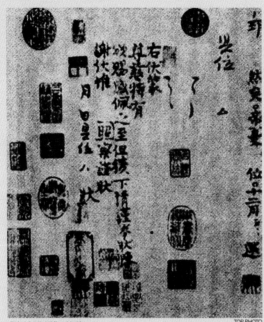

《資治通鑑》草稿

TOP PHOTO

推薦人

龐籍：

龐籍曾任樞密副使、中書門下平章事、昭文館大學士，對司馬光「撫首提攜，愛均子姓」，視司馬光如子，相當器重並培養提拔，司馬光曾寫《祭龐穎公文》並為其作《墓誌銘》以感念其照顧。

高太皇太后：

高太皇太后為宣仁皇后，為宋英宗皇后，宋神宗的母親，哲宗繼位初期垂簾聽政，反對王安石新法，信任司馬光，後世譽為「女中堯舜」。

主要著作

《資治通鑑》
《涑水紀聞》
《稽古錄》
《潛虛》
《切韻指掌圖》
《獨樂園詩稿》

特質專長

正直謙恭，誠實儉樸，好讀書，善著述

個人自傳

吾本寒家，世以清白相承。吾性不喜華靡，自為乳兒，長者加以金銀華美之服，輒羞赧棄去之。二十忝科名，聞喜宴獨不戴花。同年曰：「君賜不可違也。」乃簪一花。平生衣取蔽寒，食取充腹；亦不敢服垢弊以矯俗干名，但順吾性而已。

群牧司 北宋官署機構，咸平三年設置。群牧司的主要職能是掌管全國各地飼養國馬事務，檢查國馬的繁殖和損失情況，轉發有關馬政詔令、文牒給各地的養馬院與養馬監。群牧都監和群牧判官則要每年輪流檢查全國各地的養馬坊和養馬監，點印蕃息的國馬。北宋時期，由於政府十分重視馬政，故群牧司長官常由在京要員監領和充任。如群牧置制使多由樞密使或樞密副使監領，同群牧置制使則由曾歷中書、樞密院及使相、宣徽使、節度使者充任，群牧使則以兩省以上官充任，群牧司官員級別較其他同級官署略高。元豐改制後，群牧司併入太僕寺。

些，如荀悅的《漢紀》，也只是一個朝代的編年史著作。所以，司馬光認為應該接續《左傳》，編寫一套上自戰國，下至五代，一年接著一年的編年體史書，讓我們看到過去的事件，宛如一幕又一幕的展現，其中有逐漸興盛的氣勢，也有衰敗下場的過程。同時讓我們看到歷史舞台上，有很多教人欽佩感動的明君賢臣、英雄豪傑；也有不少令人厭惡不齒的昏暴君臣、佞倖小人。我們從這些過去的經驗中，既可以明白事情的道理，也可以領悟人生的意義。

我們知道《通鑑》編寫的大概程序，先是把所有的資料收來，依年、月、日的次序排列，抄成「叢目」，對於資料時間的不清楚，資料內容是否可信等問題，都要加以研究、討論，做成決定，依之刪削而成「長編」。此後，選取怎樣的材料，如何加以編排，就成為編寫初稿時最為重要的工作了。我們可以想像，這個工作不是司馬光一肩挑起，而是主要助手負責，他們共同討論，做成決定，再寫成初稿。因之，長編到初稿，應是最為關鍵的工作，傑出的助手此刻發揮了重要的功用，司馬光也不會置身事外。

《通鑑》成書之後，為了方便閱讀，特別是「讀」出聲音，司馬光的門人劉安世撰寫《音義》十卷，大概由於內容貧乏，未能流傳。南宋末出現了幾種《通鑑》的注釋，大都是字音的讀法和字義的訓釋，水準都很低下。為《通鑑》這部巨著做了精細而又深刻注釋的是胡三省。胡三省生於宋朝末年，注釋《通鑑》是緣於父親胡鑰的囑咐。胡三省說，父親愛好史學，嗜讀史書，得了鼻病也

TOP PHOTO

（上圖）北宋時蘇舜所發明的「水運儀象台」。水運儀象台主要為天體運行觀測器，以水為動力支持機器的運轉，並可以定時報時、顯示時刻，證明北宋時期科技之發達。

不休息，弄得書上血漬斑斑。胡鑰囑咐這個十六歲的兒子為《通鑑》作注，心中明白兒子有此能力，也給了一些指示，對於已往史書的注釋，提出看法，供兒子參考。胡三省二十七歲進士及第，開始仕宦生活，也致力於《通鑑》的注釋工作。他仿照陸德明《經典釋文》的形式，完成了《資治通鑑廣注》九十七卷，但在元兵進入臨安，胡三省逃難時，散失殆盡。後來他又從頭做起，並且在做法上有所改動，把《通鑑考異》全部收入，和他的注釋都放在《通鑑》正文之下，可知他已不再仿照陸德明的《經典釋文》，而是有所創新，也說明胡三省注

TOP PHOTO

史不再接受過去的方法，而是在傳統的基礎上有所發展。

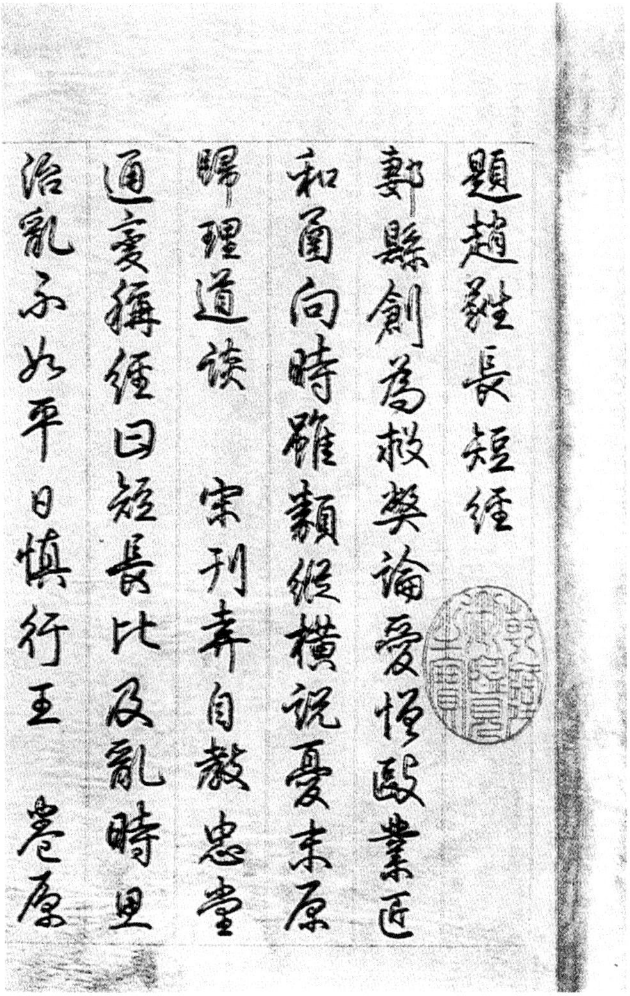

　　《通鑑》的衍生著作很多，但對於我們讀者來說，最值得參考的是明末清初大儒王夫之的《讀通鑑論》，儘管這不是一本容易念的書。這裏不對此書多作介紹，只是選一段今天學者的閱讀故事來看看。徐復觀是著有三冊《漢代思想史》享譽學界的傑出歷史學者，他不是歷史系出身，但他受到《讀通鑑論》很大的啟發，徐先生是這麼說的：

（上圖）北宋刻本的《長短經》。《長短經》是唐代學者趙蕤編寫的一本縱橫學著作，所謂「長短」為是非、得失、優劣之意。又被稱為「小資治通鑑」。

王夫之（1619～1692）湖南衡陽人，晚年居於衡陽石船山，世稱「船山先生」。明末清初思想家，明亡後隱居讀書，清軍攻占衡州時，王夫之參加抗清鬥爭。後來加入桂王政權，抗清失敗後歸隱山林，從事著述近四十年。王夫之學問淵博，對天文、地理、曆法、數學等都有研究，尤其精於經學、史學和文學。其著作達一百多種，後人輯為《船山遺書》。王夫之的歷史觀和政治思想主要表現在《讀通鑑論》和《宋論》兩部書中。《讀通鑑論》是他藉著讀《資治通鑑》而撰寫的歷史評論，評論涉及上自三代，下至明朝的許多重大歷史問題，表達了發展進化的歷史觀和重視以史學經世致用的思想。《宋論》詳論宋代的歷史得失，並對錯綜複雜的矛盾做出精到的分析。

TOP PHOTO

（上圖）湖南船山學社。船山學社由曾國藩祠改建而成，主要發揚王夫之（王船山）的思想。

我決心扣學問之門的勇氣，是啟發自熊十力先生。對中國文化，從二十年前的厭棄心理中轉變過來，因而多有一點認識，也是得自熊先生的啟示。第一次我穿軍服到北碚金剛碑勉仁書院看他時，請教應該讀什麼書。他老先生教我讀王船山的讀通鑑論；我說那早年已經讀過了；他以不高興的神氣說，「你並沒有讀懂，應當再讀。」過了些時候再去見他，說讀通鑑論已經讀完了。他問：「有點什麼心得？」於是我接二連三的說出我的許多不同意的地方。他老先生未聽完便怒聲斥罵說：「你這個東西，怎麼會讀得進書！任何書的內容，都是有好的地方，也有壞的地方。你為什麼不先看出他好的地方，卻專門去挑壞的；這樣讀書，就是讀了百部千部，你會受到書的什麼益處？讀書是要先看出他的好處，再批評他的壞處，這才像吃東西一樣，經過消化而攝取了營養。譬如讀通鑑論，某一段該是多麼有意義；又如某一段，理解是如何深刻；你記得嗎？你懂得嗎？你這樣讀書，真太沒有出息！」這一罵，罵得我這個陸軍少將目瞪口呆。腦筋裏亂轉著；原來這位先生罵人罵得這樣兇！原來他讀書讀得這樣熟！原來讀書是要先讀出每一部書的意義！這對於我是起死回生的一罵。恐怕對於一切聰明自負，但並沒有走進學問之門的青年人、中年人、老年人，都是起死回生的一罵！近年來，我每遇見覺得沒有什麼書值得去讀的人，便知道一定是以小聰明耽誤一生的人。以後同熊先生在一起，每談到某一文化問題時，他老先生聽了我的意見以後，總是帶勸帶罵的說，「你這東西，這種浮薄的看法，難道說我不曾想到？但是……這如何說得通呢？再進一層，又可以這樣的想……但這也說不通。經過幾個層次的分析後，所以才得出這樣的結論。」受到他老先生不斷的錘鍊，才逐漸使我從個人的浮淺中掙扎出來，也不讓自己被浮淺的風氣淹沒下去，慢慢感到精神上總要追求一個什麼。為了要追求一個什麼而打開

TOP PHOTO

書本子，這和漫無目標的讀書，在效果上便完全是兩樣。

秦與漢初的片段

　　司馬光的主張得到英宗的支持，於是著手進行。因之，《資治通鑑》的前八卷，就是他獨力完成的《通志》。這八卷司馬光如何撰寫，可以看到他的歷史關懷與撰述手法。太史公司馬遷的《史記》當然是司馬光欽佩的作品，司馬光取材之餘，對這部大家十分熟悉的偉大史著，也不是全然接受。在司馬光的心中，太史公在史學上的成就，主要是論述嚴謹客觀這一方面，他是極其尊敬並無比推崇的；但太史公有其詩人氣質，富於浪漫精神的另一面，司馬光似乎並不十分欣賞。至於太史公對商鞅變法的稱讚，當然更是不能同意，於

（上圖）明刻本《新列國志》中「車裂商鞅」之插畫。商鞅雖然得到秦孝公之重用，但因其變法損害了貴族之利益，惠文王繼位後，終被判刑車裂。而司馬光對於商鞅變法與司馬遷的《史記》有截然不同的觀點，這也同時可以反映司馬光對於當時新法實施的保守態度。

是，《史記‧商君列傳》中所述變法成效的文字，如「行之十年，秦民大悅，道不拾遺，山無盜賊，家給人足，民勇於公戰，怯於私鬥，鄉邑大治」。到了《資治通鑑》就成了「行之十年，秦國道不拾遺，山無盜賊，民勇於公戰，怯於私鬥，鄉邑大治」。《史記》中稱讚變法成效的兩句話，我們就無法在《通鑑》中讀到了。

司馬光在英宗的支持下，成立了書局，請到了當時傑出的史學家劉恕與劉攽前來，共同從事這項偉大的文化工程。劉恕與劉攽原先都是王安石的好友，但反對變法，就應司馬光之邀，參加書局，發揮所長。劉恕先從五代做起，再回過頭來做魏晉南北朝的部分。而兩漢部分，主要的助手，就是劉攽。至於較後的隋唐部分，則是由范祖禹擔任。司馬光遷洛陽之前，仍在汴京的這幾年，主要的工作是與劉攽一起，編寫《通鑑》的漢代部分。

劉攽與兄劉敞、姪劉奉世俱以精研《漢書》知名，三人合作，著有《漢書標注》，時人稱之為「三劉《漢書》之學」。劉攽又獨力完成《東漢刊誤》，對《後漢書》的內容與李賢的注，做了許多仔細的探討。三劉對兩漢史事之熟悉，辨析之嚴謹、精細，我們今天在《通鑑》的胡三省注中仍可讀到。錢鍾書特別稱讚劉敞、劉攽兄弟，說是「他們都是博學者，也許在史學考古方面算得北宋最精博的人」（見《宋詩選註》）。

（上圖）清 吳友如《高祖斬蛇》。
漢高祖斬蛇的故事雖然為穿鑿附會之說，但同時表達了劉邦滅秦乃是天意的思想。老嫗話中之「白帝子」指的便是秦帝國，「赤帝子」乃是劉邦，而赤帝子斬殺白帝子，自然是秦為劉邦所滅之意。

劉邦出場，步上歷史舞台，怎麼寫？《史記‧高祖本紀》大家都很熟，取哪一段呢？劉邦的母親在外面休息，睡著了夢到神。他父親去找她，看到一條龍趴在她身上，後來有孕，生了劉邦。這件事太怪異荒誕了，絕不可寫。講劉邦豁然大度，不事生產，當然要寫。問題是斬白蛇的事要寫嗎？

TOP PHOTO

我想，司馬光和劉攽都知道它絕不是「事實」，但是它的「意義」十分重大。這件事說明了劉邦絕非一般人物，儘管他的言語、行為粗鄙，但絕頂聰明，就如同張良所說，「沛公天授」，劉邦與生俱來的聰明才智，不是後天可以學習得到的。這也是當時人以及後世讀史者共同的認識。那麼，寫下：「劉季被酒，夜徑澤中，有大蛇當徑，季拔劍斬蛇。有老嫗哭曰：『吾子，白帝子也，化為蛇，當道；今赤帝子殺之！』因忽不見。」這一段，不也就是劉邦出場亮相中，最為精采的一個身段嗎？

寫到了漢景帝時的「七國之亂」，《史記‧游俠列傳》中

（上圖）宋 趙伯駒《漢高祖入關圖》（局部）。
本幅畫描繪的是漢高祖入關的故事。劉邦與項羽曾相互約定誰先入咸陽城，誰便成為天下新主。而當項羽志得意滿的入潼關時，劉邦早已入咸陽。

27

巫蠱之禍 發生於西漢征和二年。當時民間流行以埋藏桐木偶人來詛咒仇怨者的巫術——巫蠱。丞相公孫賀之子利用巫蠱詛咒武帝的隱情被人揭發，武帝任命寵臣江充調查此案。江充曾與太子有隙，欲藉「巫蠱案」構陷太子，派人到太子宮挖掘桐木偶人。當時，武帝在甘泉宮養病，生死不明。太子恐懼，遂與其母衛皇后矯詔發兵，捕殺江充。武帝以為太子謀反，派兵鎮壓，雙方在長安混戰數日，死者逾萬。後太子兵敗逃亡，被追捕不得脫，自殺，衛后亦自殺，此事史稱「巫蠱之禍」。「巫蠱之禍」牽涉範圍極廣，大批官員受到牽連，武帝晚期政局由此一度混亂。而太子的冤死則使皇位繼承人問題成為武帝晚期各派政治鬥爭的焦點。

TOP PHOTO

（上圖）明代陳洪綬所繪的吳王劉濞像。劉濞，七國之亂的發起者，因漢景帝削弱諸侯的政策而不滿，以誅殺晁錯之名義起兵造反，後為周亞夫平定。

談及，亂事初起，大俠劇孟見到負責平亂的周亞夫，周亞夫非常高興，說吳、楚起事，不央求大俠幫助，一定不會成功。《漢書》也有相同的記載，也是談「七國之亂」時，大家都有的共同記憶。司馬光、劉放是否也直接抄錄呢？也許，他們之間會有一點爭論，從個性上看，司馬光是不相信一個「大俠」就有左右局勢發展的關鍵作用，劉放或許不便堅持。於是，決定不予採信，也就是不記載。然而，這個故事讀書人都知道，不記載，人家還以為工作不謹慎，漏掉了，就必須做點說明。這就是《考異》的功用，兩段談及同一史事的資料，為什麼取這一段，不取那一段，要說明；至於大家耳熟能詳的故事，我們為什麼不採信，更要解釋。《考異》是為了討論史料是否可信而寫下的，著名古史學家，曾留學法國的徐旭生說，《通鑑考異》是世界上第一本考訂史料可信與否的書。就讓我們看看，不信大俠的《考異》是怎麼說的：《史記》、《漢書》皆云：『太尉得劇孟喜，如得一敵國，曰：吳楚無足憂者。』按孟一游俠之士，亞夫得之，何足為輕重！蓋其徒為孟重名，妄撰此言，不足信也。」南宋的朱子就不同意《考異》的意見，朱子認為，那個時代，大俠是「足為輕重」的。我們今天也大都同意朱子的講法，把「大俠」視為社會基層的代表力量，周亞夫得到這個力量的支持，如得一敵國的說法，是很恰當的。

漢武帝的出場與退場

漢武帝建元元年（公元前140年），《通鑑》把董仲舒的《天人三策》，從三篇改寫成一篇，建元三年，記載了召選文學才智之士，予以重用這件事。至於這位年輕的新皇帝是怎樣一位人物？也應該讓他亮個相吧。於是接著一段我們在《史記》中並未見到的資料出現了，是記新皇帝出去遊玩的事。錄於下：

TOP PHOTO

上始為微行，北至池陽，西至黃山，南獵長楊，東游宜春，
與左右能騎射者期諸殿門。常以夜出，自稱平陽侯；旦明入南山
下，射鹿、豕、狐、兔，馳騖禾稼之地，民皆號呼罵詈。鄠、杜令
欲執之，示以乘輿物，乃得免。又嘗夜至柏谷，投逆旅宿，就逆
旅主人求漿，主人翁曰：「無漿，正有溺耳！」且疑上為姦盜，聚
少年欲攻之；主人嫗睹上狀貌而異之，止其翁曰：「客非常人也；
且又有備，不可圖也。」翁不聽，嫗飲翁以酒，醉而縛之。少年
皆散走，嫗乃殺雞為食以謝客。明日，上歸，召嫗，賜金千斤，
拜其夫為羽林郎。

　　這段文字的讀者，必然對於這位年輕皇帝的性格與狀貌
留下印象，這是一位不耐刻板生活，喜歡尋找刺激的青年，
在他心中不存有物力維艱、稼穡辛勞之類的概念。從另一方
面看，他是相貌堂堂，神采奕奕，儀表出眾之外，聰明、才
智也不是一般人之所能及，這就是藉主人嫗眼中呈現出來的
「非常人」。這樣一個人，長期手握大權，他會做很多、很
多的事，他會建立了不起的功業，但所付出的代價，也必然

（上圖）漢代講經畫像石。漢
武帝時罷黜百家，獨尊儒術，
並設置五經博士，專門研究
《詩》、《書》、《禮》、《易》
及《春秋》等經書。

29

是極其巨大，而且是十分慘痛的。漢武帝做了哪些事，付出怎樣的代價，《通鑑》中的記載，一幕一幕展現在我們的眼前，就讓我們打開書，慢慢觀看吧。

漢武帝死，《通鑑》選載了《漢書》班固的論贊，司馬光也寫了一篇「臣光曰」，說及武帝花費極大，用法很嚴，對內興修宮室，迷信方士，對外征討匈奴，遠通西域，政府橫征暴斂，百姓無以為生，只有淪為盜賊，幾乎走上了亡秦的舊路。然而，秦朝亡了，漢朝卻未亡，原因在於武帝尊奉先王之道，晚年知過能改，「此其所以有亡秦之失而無亡秦之禍乎」。武帝晚年，發生「巫蠱之禍」，他也下了停止在輪台屯田的詔令，其實就是一道「罪己詔」，關於這些情勢的發展演變，《史記》、《漢書》中的記載，均不如《通鑑》之深刻精采。北京大學教授田餘慶說：「《通鑑·漢紀》出劉攽之手，劉攽敘巫蠱問題，取材和編排最具匠心。劉攽用大段文字，以『史終言之』的筆法，集中寫了衛太子始末，武帝與衛太子關係以及武帝告誡後世等內容。他的目的，顯然是突出『亡秦之跡』可鑑，突出改變統治政策的必要，並把它與衛太子的升降生死結合在一起，衛太子與武帝既有血屬關係，又有政治關係，情況錯綜複雜，其發展的高潮是衛太子迫蹙而死。但高潮之後還有高潮……劉攽在這個問題上所取史料大大超過《史》、《漢》範圍，這些史料由於劉攽的引用和司馬光的認可，才得以流傳至今。」（〈論輪台詔〉，載《秦漢魏晉史探微》）田餘慶又說，《通鑑》學的重要學者胡三省，對此事並無特別見解；另一重要學者王夫之，則強調輪台詔的關鍵作用，也提及了宋神宗未能「改政」以致司馬光遭到「三年改政」的譏諷。

一則西漢能吏的小故事

我們先來看看王夫之怎麼討論過去歷史上的

（下圖）霍光像。霍光是漢武帝的託孤大臣。武帝晚年因巫蠱之禍逼死太子，以至於繼任的太子劉弗陵當時年僅八歲，霍光因此成為輔政大臣，一生竭盡心力侍奉漢王朝。

TOP PHOTO

事情。漢武帝死後，昭帝即位，霍光輔政，不久昭帝死了，立昌邑王劉賀為帝。劉賀當了皇帝，昌邑國來的人逐漸侵奪政權，霍光就把昌邑王廢了，另立衛太子的孫子，就是漢宣帝。漢宣帝對被廢的昌邑王不放心，派張敞去看看。張敞回來，對宣帝做了報告，談及廢王的形貌，高高的身體，彎腰駝背，氣色青黑，鬍鬚稀少；看他的衣服、言語、舉動，都是亂七八糟；可見這個人的天性低下，不懂仁義這些道理。宣帝聽了，就放心了。王夫之說，張敞故意提出一些問題，引導劉賀講出愚蠢的話，再報告給皇帝，讓皇帝放心，不對劉賀下毒手，這是張敞的宅心仁厚，既保全了故昌邑王的性命，也維護了漢宣帝的名聲。

王夫之想起了宋初南唐李後主降宋，宋太宗派徐鉉去看看，徐鉉回來報告，說李煜心中相當怨憤，宋太宗就把李煜毒死了。宋太宗是一位寬仁的國君，而漢宣帝則是明察而又猜忌，結局不同，不關皇帝，而是徐鉉未能把事情辦好。看看張敞如何處事呢？張敞懂得人臣事君的道理，導君心於忠厚，明君必能理解，就是他的識見優長之處；而他不考慮自己的榮寵禍福，做應該做的事，這是他內在定力的展現。王夫之進一步說，會辦事的大臣，一定要有仁心、識見與定力，國君任用大臣，士人結交朋友，都應從此處著眼。沒有識見、欠缺定力的人，早點遠離為好，將來會害你的，都是這類人。我們讀王夫之的議論，可以看出，王夫之分析了處事的要點，做了歷史上同類事的比較，又回到每一個人的身上，說得多好啊！多讀點這樣的議論，不是很可以增長聰明，明白道理嗎？

東漢明章之治的解釋

東漢初年，明帝、章帝時期，政治清明，社會富足，歷史

TOP PHOTO

（上圖）茂陵（漢武帝墓）所出土的鎏金馬。漢武帝早年雖然為政英明，但中晚年好大喜功，不僅大規模對外征討，對內亦興修宮室，花費甚恣。因此昭宣兩帝時，才改採黃老政策，對內休養生息。

（上圖）陰麗華，漢光武帝劉秀之皇后。陰麗華本為劉秀之髮妻，但因劉秀亟欲拉攏北方豪族之勢力，而另迎娶郭聖通。陰麗華直至建武十七年才因郭后被廢而封后。

上稱為「明章之治」。這個治世是怎樣達成的？《資治通鑑》中的解釋，長期以來成為國人歷史知識的依據。這個「解釋」，司馬光在一篇「臣光曰」中做了清楚的陳述，他是這麼說的：

　　光武遭漢中衰，群雄糜沸，奮起布衣，紹恢前緒，征伐四方，日不暇給，乃能敦尚經術，賓延儒雅，開廣學校，脩明禮樂，武功既成，文德亦洽。繼以孝明、孝章，遹追先志，臨雍拜老，橫經問道。自公卿、大夫至於郡縣之吏，咸選用經明行脩之人，虎

TOP PHOTO

劉攽、劉敞與劉奉世　被稱為
「墨莊三劉」。劉攽（1023～
1089），北宋臨江新喻人。劉
攽曾為州縣官二十年，後官拜
中書舍人。劉攽為官崇尚寬平
施政，其間因致書王安石議論
新法之不便而遭貶黜。劉攽
精於史學，曾輔助司馬光纂修
《資治通鑑》。自己尚著有《東
漢刊誤》、《漢宮儀》、《經史
新義》等書。劉敞（1019～
1068）為劉攽之兄，二人為同
科進士。劉敞學問淵博，長於
春秋學，著有《春秋權衡》、
《春秋傳》、《春秋意林》等
書。劉奉世（1041～1113）為
劉敞之子。劉奉世曾入朝為
史官，後遭新黨排斥，一再貶
官。劉奉世與父敞、叔攽合
著《三劉漢書標注》，三人被
後世尊奉為古代家庭教育的典
範。

貴衛士皆習《孝經》，匈奴子弟亦遊太學，是以教立於上，俗成
於下。其忠厚清脩之士，豈惟取重於搢紳，亦見慕於眾庶，愚鄙
污穢之人，豈惟不容於朝廷，亦見棄於鄉里。自三代既亡，風化
之美，未有若東漢之盛也。

　　於是，漢光武重視學術，建立學校，儼然以儒學治國，明
帝、章帝繼承這樣的方向，不是親自到太學聽講，就是對老
師先行師生之禮，再接受君臣之拜。這類的資料，《通鑑》
中的蒐集，可稱完備，也提供了天下大治，來自儒學倡盛此

（上圖）唐 閻立本《歷代帝王
圖》（局部）。
《歷代帝王圖》全畫共繪漢代
至隋代的十三位皇帝，畫中右
方為西漢昭帝、左方為東漢光
武帝。光武帝劉秀為漢高祖
九世孫，因反對新莽而起義，
後建立東漢。

隆中（今湖北省襄樊市西）為諸葛亮隱居的地方　東漢末年，兵敗失勢的劉備為擺脫不利局面，三次赴隆中尋訪諸葛亮，求教對策。會見期間，諸葛亮建議劉備占據荊州，出兵益州，以荊、益二州為基地，發展生產、整頓內政、安撫西南各族、連結孫權，伺機北伐曹操，以實現統一天下，恢復劉氏帝業的目標，史稱「隆中對」。諸葛亮在隆中對中已經預見到天下三分格局的形成，並為劉邦集團的發展指明了方向，展現了他對天下局勢的判斷能力和高瞻遠矚的戰略眼光。此後，劉邦重用諸葛亮，依照隆中對行事，最終獨霸一方，建立了蜀漢政權。

一説法的足夠證據。這樣的解釋，在後來的《通鑑》衍生著作，如南宋的《通鑑綱目》，明代的《袁黃綱鑑輯覽》以及清代的《綱鑑易知錄》中一再陳述，直到二十世紀的歷史教科書，都加以採用。不過，這是一個「解釋」，並不是「真相」，我們還可以看到不同的説法。例如，《後漢書》的作者范曄，論及明帝的傑出表現時，並不歸因於提倡儒學，而是法令分明。范曄的《明帝本紀論贊》是這麼寫道：

明帝善刑理，法令分明。日晏坐朝，幽枉必達。內外無倖曲之私，在上無矜大之色。斷獄得情，號居前代十二。故後之言事者，莫不先建武、永平之政。而鍾離意、宋均之徒，常以察慧為言，夫豈弘人之度未優乎？

建武是漢光武帝的年號，永平是漢明帝的年號。東漢初年，天下稱治，且可為後世的典範，范曄看來，似乎「法令分明」才是主要因素；只是這些作為，往往過於嚴苛，讓人感到不無遺憾而已。

如果我們要問，司馬光、劉攽為什麼會提出這樣的解釋？可以想到他們都是王安石新法的反對者，王安石將科舉中的「明經」廢掉，改試「新科明法」，反映重視律令，輕忽經術的態度，這是他們不能同意的，他們也就在著作中，把這樣的態度呈現出來。我們在這裏可以看到，任何史書上的文字，都有立場、觀點和關懷，都是一種「解釋」，而不是過去發生事情的真相表述。當然，不同的解釋之中，也有高下優劣之分，我們在閱讀時需要細加辨析。

任蘇杜鄭倉傳第十六　魏書　國志十六
任峻字伯達河南中牟人也漢末擾亂關東皆震
中牟令楊原愁恐欲棄官走峻說原曰董卓首亂
天下莫不側目然而未有先發者非無其心也勢
未敢耳明府若能唱之必有和者原曰爲之柰何
峻曰今關東有十餘縣能勝兵者不減萬人若權
行河南尹事摠而用之無不濟矣原從其計以峻
爲主簿峻乃爲原表行尹事使諸縣堅守遂發兵
會太祖起關東入中牟界衆不知所從峻獨與同
郡張奮議舉郡以歸太祖峻又別收宗族及賓客

TOP PHOTO

（上圖）《三國志》書影。《三國志》自東漢末年黃巾之亂記述至西晉統一三國為止，全書以本紀及列傳為主，是研究三國時代必讀之史籍。

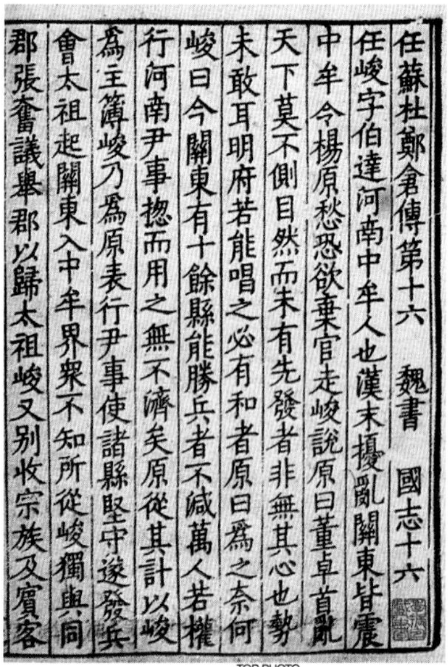

胡三省怎麼看諸葛亮

《通鑑》魏晉南北朝的部分，主要是劉恕負責。劉恕學問淵博，讓司馬光很佩服。《通鑑》編寫之初，書寫體例與工

TOP PHOTO

作程序，劉恕提出很多意見，也為司馬光採納，有人認為劉恕可以說是這部大書的「副主編」。而田餘慶則認為劉恕是第一位《魏晉南北朝史》的作者，而這部書，就是《通鑑》中的魏晉南北朝部分。我們可以想像，《通鑑》成書之前，人們要對這一段的歷史有所了解，要讀《三國志》、《晉書》、《宋書》、《南齊書》、《梁書》、《陳書》、《魏書》、《北齊書》、《周書》，或《南史》、《北史》等，請問：從這些書中可以得到這段時期系統的、脈絡的歷史知識嗎？當然是無法得到的，但《資治通鑑》成書以後，情形完全改觀，這個大缺憾就得以彌補了。這段時期，除了西晉短短幾十年，天下是一統的之外，都是分裂的局面，編年體的敘事也就更加困難。如何處理各政權之間的交往與對抗，及其與政權內部之間，十分錯綜複雜的關係，而又能體現時代的氛圍風貌和人物的神采丰姿，難度甚高，非學識廣博、思精慮遠之史家，不足以任其事。劉恕編寫《通鑑》魏晉南北朝時期的精

（上圖）繡像小說《定三分隆中決策》插畫。

采表現，足可列入第一流史家之林。

三國史事，非但國人耳熟能詳，日本、韓國的讀書人也大都熟悉，似乎不必再加介紹，這裏讓我們看看胡三省怎麼讀這些大家都知道的歷史故事。

劉備三顧茅廬，諸葛亮指陳天下大勢，提出發展方向，就是著名的「隆中對」，《通鑑》的記載取自《三國志》，略作刪減。胡三省接著寫了一段話：「所謂俊傑者，量時審勢，規畫定於胸中，儻非其人，未易與之言也。」既指出諸葛亮是「俊傑」，又指出他談話的對象，亦非泛泛之輩，必屬英雄人物。

關羽死，劉備出兵東吳，為羽報仇，趙雲勸諫，劉備不聽，諸葛亮不發一語。曹魏方面，大家討論劉備是否應該為關羽報仇，劉曄説：「關羽與劉備，義為君臣，恩猶父子；羽死，不能為興軍報敵，於終始之分不足矣。」似乎可以解釋諸葛亮為何不説話的緣由。

劉備為陸遜所敗，退至白帝城，病重託孤於諸葛亮，「白帝託孤」是沉重而又淒涼的一幕。《通鑑》的記載，胡三省如何閱讀呢？

漢主病篤，命丞相亮輔太子，以尚書令李嚴為副。漢主謂亮曰：「君才十倍曹丕，必能安國，終定大事。若嗣子可輔，輔之；如其不才，君可自取。」（胡注：自古託孤之主，無如昭烈之明白洞達者。）亮涕泣曰：「臣敢不竭股肱之力，效忠貞之節，繼之以死！」（胡注：用晉荀息答獻公語意。）漢主又為詔敕太子曰：「人五十不稱夭，吾年已六十有餘，何所復恨，但以卿兄弟為念耳。勉之，勉之！勿以惡小而為之，勿以善小而不為！惟賢惟德，可以服人。汝父德薄，不足效也。（胡注：自漢以下，所以詔敕嗣君者，能有此言否？）汝與丞相從事，事之如父。」

（上圖）《三國演義》第八十五回《劉先主遺詔託孤兒》插畫。此段描述的是劉備病危，於榻前將蜀後主劉禪託付給諸葛亮。

胡三省看到了極其悲傷的情景裏，兩位英雄人物的精采對

TOP PHOTO

北京故宮博物院藏

談。劉備臨終前說出了對自己孩子的認識，知道不能有什麼
大期待，只盼多行小善，不為小惡而已。而對諸葛亮推崇之
餘，感激之情也是溢於言表。諸葛亮面對的，雖然敗於晚輩後
生，蒙受奇恥大辱，仍然展現英雄本色的劉備，由衷的欽敬、
欣賞，絲毫未減，自然而然地做出了最為懇切的承諾。我們看
到，劉備說出「勿以惡小而為之，勿以善小而不為」這樣的話
語，以及最後所說，「汝父德薄，不足效也」的謙遜態度，更

（上圖）明 戴進《三顧茅
廬》。
明代宮廷畫有許多以「招賢納
士」為題材的創作，倪端《聘
龐圖》及本幅《三顧茅廬》即
為一個明顯的例子。畫中以蜀
主劉備三度拜訪諸葛亮為題
材，用筆簡潔、墨色清雅，是
戴進的傳世代表之一。

把英雄形象推到了更高的境界。胡三省寫下「明白洞達」以及「能有此言否」的詞句，把心中的仰慕與感動，做了十分清楚的表達。

蜀地小民貧，諸葛亮率軍討魏，六出祁山，也留下了《出師表》這篇大文章。初次出兵，魏延建議出褒中、子午谷，直攻長安，可占有咸陽以西之地。《通鑑》記曰：「亮以為此危計，不如安從坦道，可以平取隴右，十全必克而無虞，故不用延計。」胡三省注：「由今觀之，皆以亮不用延計為怯。凡兵之動，知敵之主，知敵之將。亮之不用延計者，知魏主之明略，而司馬懿輩不可輕也。亮欲平取隴右，且不獲如志，況欲乘險僥倖，盡定咸陽以西邪！」胡三省讀此段資料，看到了諸葛亮心中的各項思考，魏主曹丕善於兵略，而司馬懿等曹魏的將相，能力頗強，不可輕視。所以，必須謹慎小心，不可行險僥倖。每一項重要的決定，都有許多的考量，這些考量往往不見於史書記載，但讀史的人卻不能不發揮想像力，遙想當時情景，進入人們心中，這樣我們才可以知道得多一點、深一點。胡三省的做法，就是很好的示範。

西晉朝廷的最後一幕

三國之後的西晉，只有短暫的幾十年。我們在《通鑑》中可以看到劉恕精心刻畫西晉朝廷的最後一幕，就是石勒追上東海王司馬越的人馬，將之全數殲滅、虜獲的鏡頭。《晉書》的《石勒載記》與《王衍傳》的有關記載與《通鑑》相較，都簡略得多。我們看看劉恕是怎麼選材撰述的：

石勒率輕騎追太傅越之喪，及於苦縣寧平城，大敗晉兵，縱騎圍而射之，將士十餘萬人相踐如山，無一人得免者。執太尉衍、襄陽王範⋯⋯等，坐之幕下，問以晉故。衍具陳禍敗之由，云計不在己；且自言少無宦情，不豫世事；因勸勒稱尊號，冀以自免。勒曰：「君少壯登朝，名蓋四海，身居

（上圖）1958年湖南長沙出土的西晉青瓷騎俑。西晉時期出土的俑許多皆具胡人輪廓，這些胡人俑的特色是頭戴尖頂翻蓋帽、高鼻深目，唇上略有髭鬚。同時胡人俑的出土也證明了晉代族群上的變遷及胡漢融合社會的情景。

TOP PHOTO

TOP PHOTO

重任，何得言無宜情邪！破壞天下，非君而誰！」命左右扶
出。眾人畏死，多自陳述。獨襄陽王範神色儼然，顧呵之
曰：「今日之事，何復紛紜！」勒謂孔萇曰：「吾行天下多矣，
未嘗見此輩人，當可存乎？」萇曰：「彼皆晉之王公，終不
為吾用。」勒曰：「雖然，要不可加以鋒刃。」夜，使人排牆
殺之。

　　東海王司馬越是西晉「八王之亂」的八王之中，最後一個
掌握實權的諸侯王，他已無法應付中原的動亂，決定率眾回
到東海國，但於途中病死。《晉書・東海王越傳》說他：「專
擅威權，圖為霸業，朝賢素望，選為佐吏，名將勁卒，充於
己府，不臣之跡，四海所知。」可知留在洛陽，聽命於晉懷
帝的臣僚將士，不過是挑揀之後的剩餘人士，完全無法與隨

（上圖）《東西晉演義》中
《嵇侍中盡忠死節》插畫。晉
惠帝時，皇后賈南風專權，引
起趙王司馬倫反彈，廢惠帝而
自立。其他司馬氏諸王則以平
叛為名義起兵奪權，最終由東
海王司馬越取得最後的勝利。
《嵇侍中盡忠死節》是八王之
亂時，叛軍攻入都城，眾人皆
逃逸，只有侍中嵇紹（嵇康之
子）為晉惠帝擋箭而死。

中國史書的基本體例 主要有紀傳體、編年體和紀事本末體三種。紀傳體由本紀、表、書志、世家、列傳等組成。本紀記述帝王事蹟，表記載複雜社會情況，書志記典章制度，世家記載諸侯歷史，列傳是各種人物的傳記。紀傳體創始於西漢司馬遷的《史記》，其便於記載政治、經濟、文化等的情況，卻不能敘述某一事件的完整過程。編年體是按年月日順序來記載歷史事蹟，代表性的史書有《春秋》、《資治通鑑》等。編年體便於查考歷史事件發生的時間及聯繫，但難以記載不按年月編排的事件。紀事本末體創始於南宋袁樞的《通鑑紀事本末》，以記載歷史事件為主，能夠敘述歷史事件的全部過程。除此三種基本體例外，尚有典制體（記載典章制度）、學案體（記載學派源流）等等。

司馬越之葬東行的將相勁旅相提並論，更不要說那可憐的晉愍帝。《通鑑》中的這一段記載，可分為三個重點來談：一是晉軍被石勒所殲；二是石勒與王衍的對話；三是王公大臣的被殺。我們只對第二和第三兩點稍作說明。

王衍成名甚早，而且名聲極高。《晉書·王衍傳》一開始就說：「衍字夷甫，神情明秀，風姿詳雅。總角嘗造山濤，濤嗟嘆良久，既去，目而送之曰：『何物老嫗，生寧馨兒！然誤天下蒼生者，未必非此人也。』」我們在《晉書》或《世說新語》中看到許多王衍的故事，說明此人當時聲望之高與在人們心中分量之重。王衍與石勒也許不是第一次見面，《晉書·石勒載記》述及石勒十四歲遊洛陽，王衍見他上東門長嘯，大為驚異，派人捉他，而石勒已遠去。這個小故事說明在人們心中，王衍與石勒都是極其傑出的人物。但是，王衍並無重要論著留下，可知他的談玄只是一種裝飾，沒有深厚的造詣與獨到的見解。一位兼通文史的現代學表繆鉞就指出：「王衍以清談盜虛名，為仕宦捷徑，既無濟世之志，又無從政之才。恰有阮籍之前跡，為後進所慕效，故衍遂得棄世務，藉以鳴高。」（《清談與魏晉政治》）

王衍率眾東行，為石勒追上，大軍被殲，他為石勒所擄，對石勒說他「少無宦情，不豫世事」恐怕也不是全無道理，因為他從來就沒想要好好地做官做事。

王衍又勸石勒「稱尊號」當皇帝，心裏無非想著以我的聲望地位，向你勸進，應該是你莫大的榮幸，你理應接受才是。再說我們這些人在我的帶領下投靠你，你可以很快組成極像樣的朝廷，很值得一試。當然，他的根本目的無非是想藉以逃掉殺身之禍。他如果遇到別人或有成功的機會，然而，石勒卻不是這樣想。石勒不問王衍的聲望有多高，只問你既然長期居於朝廷高位，怎能說不管天下的事，不為天下的動亂負責呢？石勒不只是義正辭嚴，而且心中必然十分鄙視，也十分失望。石勒知道王衍在人們心中仍有崇高的地

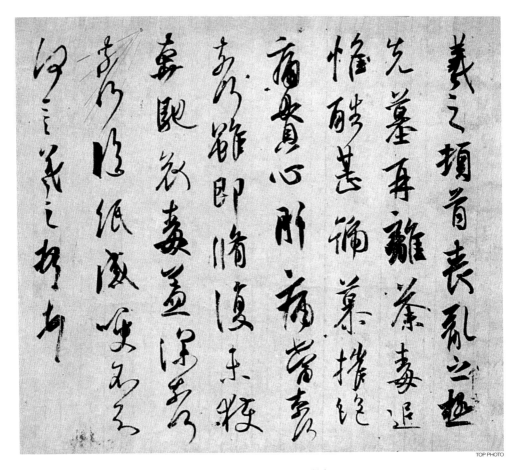

TOP PHOTO

位，所以仍予一定的尊重，「命左右扶出」。我覺得若把王衍的話簡單解釋為貪生怕死，並不妥當；因為一來不符合王衍的身分，王衍不是鄙賤小人；二來有點把複雜的情況講得太簡單，看不出時代的特色。

另一個重點是王公大臣的被殺。石勒看到這些王公大臣，眼睛為之一亮，儘管這些人為求免死，「多自陳述」，也是醜態畢露。石勒還是忍不住要說，我闖蕩天下已有一段不短的時間，從來沒見過這樣一批人物，我想把他們留下來。我們要問，石勒從這些人的身上看到了什麼？在《通鑑》中沒寫，但卻是一個關鍵的問題。胡三省注《通鑑》，在石勒的這句話下面，寫了一條按語：「勒欲存之，以諸人儀觀之清

（上圖）東晉 王羲之《喪亂帖》。
西晉歷經八王之亂、永嘉之禍等戰亂後，晉室東遷，中原陷入動盪之中，王羲之的《喪亂帖》正是這個時代的產物。

41

慕容恪（？～368）鮮卑人，
燕王慕容皝第四子。慕容恪年
少時跟隨慕容皝四處征伐。慕
容皝建燕國後，命他鎮守遼
東，期間屢敗高句麗，還出伐
扶餘國，虜其王。由於慕容恪
獨當一方，慕容皝得以專力應
對西部的段部鮮卑、宇文鮮卑
和後趙。慕容皝臨終委慕容恪
以相位，命其輔佐新即位的慕
容儁。慕容儁則拜慕容恪為輔
國將軍，令其總領兵權。此
後，慕容恪率軍滅冉魏，並擊
敗盤據在青州的段龕，基本統
一了太行山以東的北方地區。
352年，慕容儁稱帝，加封慕
容恪為太原王。慕容儁死後，
嗣位的慕容暐年幼，慕容恪輔
政，期間前燕政局穩定，國勢
蒸蒸日上，還一度從東晉手中
奪取洛陽和淮北，東晉、前秦
皆因慕容恪而不敢攻燕。368
年，慕容恪去世，前燕政局隨
即陷入混亂。

（上圖）慕容恪，十六國時期
前燕之名將。

楚耳。」回答了這個問題。意思是這些人「儀觀清楚」，讓
石勒印象深刻。「儀觀」指外表，應無疑義；「清楚」是什麼
意思？我覺得可以分開來看，「清」指清秀、清麗，就是漂
亮的意思；「楚」或指動人而言，就像我們常說「楚楚動人」
的意思。石勒看到這麼多漂亮人物，也深深為他們的豐采所
吸引。我們讀到這裏，能否借石勒的眼睛，也看到西晉最後
朝廷這些漂亮的王公大臣？他們的共同特徵就是俊美而且有
才氣，雖然不如王衍之顯眼，也有一定程度的類似，我們可
以藉對王衍的認識來想像這一批人，他們是這個時代的最後
一批漂亮人物。石勒心中明白，這批人物，雖然已是階下之
囚，仍然頗為驕傲自負，不會為其盡心盡力，必須清除。
不過，他還是相當捨不得，於是做了排牆壓死的處置，結束
了西晉朝廷的最後一幕。我們只有在《通鑑》中，可以看到
這血腥、蒼涼而又淒美的畫面。

王夫之怎麼談慕容恪

中原動亂，衣冠南渡，東晉政權建立，文化得以延續，
應是王導的功業。東晉面對的五胡政權，起起滅滅，擾攘不
已，卻不是全然落後野蠻，而是頗有值得稱述的表現，不乏
十分卓越的人物，慕容恪就是當時為人敬重的胡族英雄。燕
國國君慕容儁去世，國內出現動亂，東晉朝廷的一些大臣認
為可以乘機北伐，光復中原。桓溫聽到這樣的議論，淡淡說
了一句：「慕容恪還在，我們該擔心的事還多著呢（慕容恪
尚在，憂方大耳）。」

慕容恪，對外善於用兵，擊敗冉閔，將之擒殺；對內於
慕容儁死後，朝廷動盪之際，清除謀亂的權臣，安定政局。
劉恕與司馬光卻對慕容恪用兵之際，體恤士卒的作為，有所
記載，這是我們在《晉書》中看不到的。《通鑑》記載：355
年，燕王以在齊地的段龕勢力頗強，命令慕容恪前去征討。
次年，慕容恪引兵渡河，距廣固還有百餘里，段龕率眾迎

TOP PHOTO

戰。慕容恪將之擊敗，段龕逃回廣固，拒不投降，慕容恪進圍廣固。這時，諸將紛紛請他立即攻城，慕容恪不同意，他說：「指揮作戰，有時宜緩慢，有時宜快速，這一定要分辨清楚。如果雙方力量相去不多，對方的援兵馬上到來，我方會受到腹背夾攻，那就非要立即進攻不可。若是我們的力量大過對方，他們又無援軍前來，我們足以掌握情勢，應當保持優勢，直到把對方困死。兵法書中所說，有十倍的優勢，圍住就可以；有五倍的優勢，則要進攻，就是這個道理。段龕的兵士還是不少，都忠心於他，前次他打敗仗，是段龕戰術上犯了錯誤，不是他們的軍力不強。今天他們固守堅城，我們全力進攻，儘管一定可以攻下來，然而我們士卒的傷亡必然慘重。自從中原動亂，時有戰事，士卒幾乎無法休息，我每次想起，晚上都睡不著覺，怎麼可以讓他們白白送死呢！我們的目的是拿下城池，不是立即就要到手！」將領們聽到慕容恪這番話，都說：「這是我們沒想到的。」軍中的士兵聽說主帥以這樣的態度用兵，人人都很感動，於是築起高牆深塹，圍住廣固。廣固城中糧食告罄，段龕率眾出戰，在

（上圖）《東西晉演義》中，慕容垂降前秦苻堅之插畫。慕容恪臨死前曾向前燕幽帝推薦慕容垂任大司馬職務，卻沒有被採用。事後慕容垂叛變前燕，降於前秦，之後又建立後燕政權。

圍裏就被慕容恪打敗，段龕只有投降。慕容恪安撫新民，平定齊地。

我們再看看王夫之怎麼讀這段文字。王夫之讀到慕容恪申述自己的用兵之道，不忍士卒的傷亡，很是感動，嘆了一口氣，說：「這樣情思深重的話，必然發自他的內心。讓功業可以達成，而士卒可以不死，慕容恪真可以說是夷狄中的傑出人物了。」王夫之進一步有所發揮，他提到了古代不恤士卒的兩個人，一是尉繚，在理論上不關心士卒的生死，另一人是楊素，實踐了尉繚的殺人主張。他接著說：「突出重圍，攻陷敵陣者有賞，肉薄攻城者，鼓勵前仆後繼，這就是嗜殺的人，不只是殺敵人，實際上就是殺人。軍中同袍，早上一起行動，晚上一起休息，大家都聽奉長官的命令，正應該互相呵護，長官卻是用各種方法利誘威迫，讓天天在一起的弟兄前去送死。

真是讓人感嘆！都是

（右圖）南朝宋高祖劉裕。劉裕出身於落魄貴族，因驍勇善戰而成為東晉名將，後強迫晉恭帝司馬德文禪讓，建立宋。

TOP PHOTO

人啊，怎麼可以如此殘忍呢！帶兵打仗，士卒戰死的情形，各種各樣，白白送死，莫過於攻城；就好像把鴻毛投於大火之中，然後稱讚他們十分勇敢，贊同這樣的人，還可以說是有心的人嗎？」（《讀通鑑論》卷十三，晉穆帝）

王夫之是怎麼讀的呢？他用豐富的想像力，將這個議題帶進深入的討論。他想到了軍中同袍「早上一起行動，晚上一起休息」，想到這樣的情誼，必然十分深厚，應該互相呵護。一聲令下，讓朝夕見面的同袍兄弟白白喪命，怎麼能夠叫人忍受？這應該是慕容恪只要想到，晚上就無法入眠的主要因素吧！由一人之「心」，想到眾人之「情」，再想到整體的「景象」，想像一層一層的擴大，也可以說是一層一層的深入，把人們心中的所思所感整體地勾勒出來，好像到了慕容恪的軍中，見到了將士對他的仰慕與感激。我們不能只是看王夫之如何評論史事，更應該學學他閱讀之時，如何思考、想像與感受。王夫之的方法，往往可以帶領我們看到歷史圖像中，也就是過去世界中最為深刻、幽微的部分，最值得我們重視。

一個人驅趕著數千人──劉裕亮相

兩晉之後是南北朝的對峙，南朝始於劉裕建立的宋朝，北朝則以拓跋珪建立的魏朝為始。關於劉裕的步上歷史舞台，《通鑑》的記載十分神奇，也呈現出一幅極不可信的畫面。錄於下：

初，彭城劉裕，生而母死，父翹僑居京口，家貧，將棄之。同郡劉懷敬之母，裕之從母也，生懷敬未期，走往救之，斷懷敬乳而乳之。及長，勇健有大志。僅識文字，以賣履為業，好樗蒲，為鄉閭所賤。劉牢之擊孫恩，引裕參軍事，使將數十人覘賊。遇賊數千人，即迎擊之，從者皆死，裕墜岸下。賊臨岸欲下，裕奮長刀仰斫殺數人，乃得登岸，

45

仍大呼逐之，賊皆走，裕所殺傷甚眾。劉敬宣怪裕久不返，引兵尋之，見裕獨驅數千人，咸共嘆息。因進擊賊，大破之，斬獲千餘人。

請問：「裕獨驅數千人」，這是一幅怎樣的畫面？可信嗎？這是一幅很精采的畫面，只是絕不可信而已。其他史書是如何記載？《宋書》記載了這位開國皇帝，出場亮相的這件事：「會遇賊至，眾數千人，高祖便進與戰。所將人多死，而戰意方厲，手奮長刀，所殺傷甚眾。牢之子敬宣疑高祖淹久，恐為賊所困，乃輕騎尋之。既而眾騎並至，賊乃奔退，斬獲千餘人，推鋒而進，平山陰，恩遁還入海。」

比較兩種記載，《宋書》所記「手奮長刀」顯然可信得多，問題是較晚的《通鑑》，為何所記反而不可信呢？何況又是出自史學名家劉恕的手筆。所以，劉恕決定放棄正史中之可信者，取用野史中之甚不可信者，必有其史學上的考慮。「獨驅數千人」儘管甚不可信，卻頗足以刻畫劉裕其人獨有的懾人氣勢，有其象徵上的意義。王曇首及其堂弟王球跑到劉裕軍中，劉裕很高興，說想不到你們王家高門子弟，也肯到軍中來。王曇首說，「既從神武之師，自使懦夫有立志！」也許「神武」二字，最足以表明劉裕的特質，以致劉恕在他登台亮相時，描繪出這樣的一幅畫面，設計出了這樣的一個身段。

桓溫的兒子桓玄篡晉，劉裕入朝。《通鑑》記：「玄后劉氏，有智鑑，謂玄曰：『劉裕龍行虎步，視瞻不凡，恐終不為人下，不如早除之。』玄曰：『我方平蕩中原，非裕莫可用者，俟關、河平定，然後別議之耳。』」我們可以看到，在有智鑑的人眼中，劉裕極其不凡，是不為人下的。後來，孫恩力量的繼承者盧循，乘劉裕北伐，進兵建康，擊敗劉毅，軍容甚盛。《通鑑》記：「初循至尋陽，聞裕已還，猶不信；既破毅，乃得審問，與其黨相顧失色。」盧循已破

劉毅，然而一聽說劉裕已自前線返回，大家都十分驚嚇。劉裕回到建康，人數有限，而盧循已進逼建康城下。《通鑑》記：「盧循至淮口（胡注：秦淮入江之口也。），中外戒嚴。裕見民臨水望賊，怪之，以問參軍張劭，劭曰：『若節鉞未返，民奔之不暇，亦何能觀望！今當無復恐耳。』」我們是否看到一個畫面，兩軍決戰前，城牆上、大河邊，擠滿了看熱鬧的人們。他們為什麼不跑呢？張劭的話已做了解釋，那我們能不能想像這許多「臨水望賊」的人們，心中想的是什麼呢？也許，這些都提供了劉恕設計這個亮相身段時必要的證據。

南朝的孝子與北朝的賢母

《資治通鑑》所記都是帝王將相之事，而且都與朝廷政事有關，這是一般人的印象，顯然也是一個誤解。《通鑑》和正史一樣，記載的空間相當廣闊，容納了各種有意義的、值得一記的事，好像是一片廣闊的森林，裏面有各種林木，也有花草、鳥獸以及蟲蝶等等。這裏舉兩個取自正史孝友傳和列女傳的故事，作為一例。

梁武帝天監二年（503），《通鑑》記一少年孝節，乞代父命的事。吉翂的父親是吳興郡原鄉縣的縣令，為奸吏誣告，送到朝廷司法機構，判處死罪。十五歲的他，擊登聞鼓，請求代替父親受刑。梁武帝覺得他年幼，懷疑有人教他，囑執法的官員蔡法度嚴格問訊，取得實情。蔡法度就把一些拷打的刑具陳列在吉翂的面前，問他：「你請求代替父親，朝廷已經同意，你肯這樣去死嗎？你這麼年輕，如果就有人教你的，你講出實話，也是可以考慮寬減。」吉翂說：「我雖然年幼，也知道死是可怕的事！只是不忍心見到父親受到極刑，所以乞求代他而死。這是一件大事，怎麼可能是別人教的呢！如果朝廷已判定死罪，我就當作羽化登仙，不會後悔的。」蔡法度改

TOP PHOTO

（上圖）緹縈，漢文帝時孝女。她上書漢文帝希望能代替父親倉公受刑，因而感動了漢文帝，並廢除肉刑。王夫之在《讀通鑑論》中盛讚孝子吉翂，並將他與緹縈並稱。

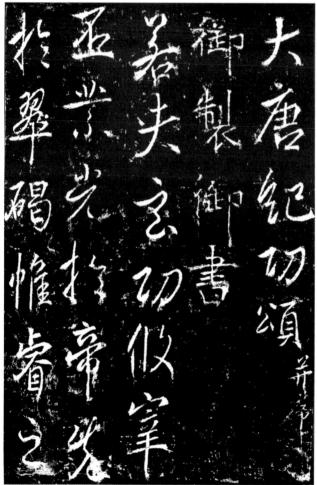

TOP PHOTO

以和緩的語氣説：「皇上已經察明你父親無罪，再看你也是好孩子，今天如果你把實情講出來，你們父子都沒事了。」吉翂説：「我的父親被指控重罪，有人要受刑，我就等著了，沒什麼話可説。」當時吉翂戴著重枷，蔡法度要把它換成輕枷，吉翂不答應，説：「死囚的刑枷，只能加重，怎可減輕。」就是不肯脱下來換。蔡法度把審訊的經過報告給梁武帝，武帝就赦了吉翂父親的罪。丹陽尹王志知道吉翂在法庭的事，再問了他的鄉里，名聲很好，就要把他以純孝的名義向朝廷推薦。吉翂知道了，説：「這位王長官太看不起我了，父親受到屈辱，兒子代他受刑，這是理所當然。如果我利用父親的屈辱，成就了自己的名聲，那真是太丟人了。」堅決不答應。胡三省寫了一條按語：「吉翂拒絕王志，是對的；梁武帝知道吉翂的孝節表現，而不能重用他，未能藉以倡導善良風俗，就不對了。」王夫之也談到了吉翂，並把他與緹縈並列，説道後世再也沒有他們這樣的表現了。他們兩人的孝行出自真心誠意，後人沒有這種孺慕的真情，就不敢做這種代父求命的事，也可以算是誠實不欺。如果有人不是發自真心，卻效法緹縈和吉翂，「明主執而誅之可也。」可知王夫之最討厭虛情假意的人了。

（上圖）唐高宗《大唐紀功頌》碑刻拓片。《大唐紀功頌》是顯慶四年時，唐高宗親巡太宗擒竇建德處，緬懷太宗而題之。

TOP PHOTO

我們再看一個北朝的例子，見於《通鑑》高祖武皇帝七大通元年（527）。魏東清河郡，地方不寧靜，出現許多山賊，朝廷派房景伯為東清河太守。當地有一個叫劉簡虎的人，曾對房景伯無禮，聽說他來當太守，嚇得全家都逃走，房景伯派人追捕，捉到了，卻任命劉簡虎的兒子在郡衙做事，並派他去招撫山賊。這些山賊覺得房景伯不念舊惡，值得信賴，紛紛下山投誠。房景伯的母親崔氏，通經術，有見識，懂道理。東清河郡的貝丘縣，一名婦人控訴兒子不孝，景伯講給母親聽，母親說：「我只聽你講，不如讓我見見，平民百姓不知道什麼是禮義，是不足責怪的。」房景伯就把婦人召到家裏，與他的母親一起吃飯，叫兒子站在堂下，讓他看房景伯怎樣獻上食物。不到十天，兒子知道錯了，請求回家。崔氏說：「他表面上算是知錯了，但他的內心還沒有認錯呢，讓他多待幾天。」二十幾天之後，兒子叩頭悔過，血流滿面，他的母親也請求允許他們回家，崔氏就答應了。此後，這個兒子就以孝行聞名於鄉里。如果再翻一下《魏書·列女傳》，可以見到《通鑑》未選錄的文字，如：「性嚴明高尚，歷覽書傳，多所聞知。子景伯、景先，崔氏親授經義，學行修明，並為當世名士。景伯為清河太守，每有疑獄，常先請

（上圖）昭陵六駿之青騅浮雕。六駿是唐太宗在唐朝建立前先後騎過的戰馬，分別為拳毛騧、什伐赤、白蹄烏、特勒驃、青騅與颯露紫，據傳此浮雕出於畫家閻立德與閻立本之手。其中青騅是唐太宗與竇建德交戰時的座騎。

49

（上圖）唐武則天除罪金簡，
1982年出土於河南鄭州。金
簡長約36.5公分、寬8公分，
正面刻有「大周國主武曌，好
樂真道，長生神仙，謹詣中嶽
嵩高山門，投金簡一通，乞三
官九府，除武曌罪名」等字。
反應了武后晚年的心境。

焉。」房景伯的學行，得自母親的教誨，他的處事，也多向
母親請教。我們又可以看到，崔氏的學問，來自經學，不是
尋章摘句、考訂訓詁，而是究明心性、通經致用，非但可以
處理政事，亦可以有益教化。其實這也是北朝學術的一項特
色，我們從《通鑑》中可以窺知，只是不如《魏書》詳盡，
這也是《通鑑》限於篇幅，無法盡納的必然結果。

考訂資料，撰寫成篇

《通鑑》隋唐部分，主要助手是范祖禹，他是程頤的弟
子，著有《唐鑑》一書，也是著名的史學家。范祖禹在書局
的時間最久，是司馬光的得力助手。隋唐部分編年體史書的
編撰工作，性質與前代略有不同，因為北宋之時，隋、唐資
料留下很多，可以細加挑選，不需依靠兩《唐書》，因而工
作量增大許多，特別在資料是否可信的考訂方面，更是十分
繁重。我們可以舉幾個例子。

「玄武門事件」之後，史書記載有所偏倚，成功者所作所
為，無不英明，就是做了不妥的事，也可以推給他人；失敗
者就頗為不堪，任何壞事都可以堆在他們頭上。所以，寫史
之時，必須細心辨別，盡量將不可信的地方挑出，並加以說
明，這就是《考異》必需的工作。

李世民打敗竇建德，將之俘獲，王世充只有投降。《通鑑》
唐高祖武德四年，記：「初，李世勣與單雄信友善，誓同生
死。及洛陽平，世勣言雄信驍健絕倫，請盡輸己之官爵以
贖之，世民不許。」《考異》曰：「《舊傳》云：『高祖不許。』
按：太宗得洛城即誅雄信，何嘗稟命於高祖，蓋太宗時史
臣敘高祖時事，有誅殺不厭眾心者，皆稱高祖之命，以掩
太宗之失，如屠夏縣之類皆是也。」次年，《通鑑》記唐高
祖不欲廢太子，而建成與元吉的關係又更緊密。《考異》引
了《高祖實錄》、《太宗實錄》的記載，盡言建成、元吉兩
人才能平庸、行為乖戾。最後的「按語」是：「建成、元吉

雖為頑愚，既為太宗所誅，史臣不無抑揚誣諱之辭，今不盡取。」再如，同年，《通鑑》記建成、元吉擊敗劉黑闥，黑闥眾大潰。《考異》引用有《高祖實錄》、《舊唐書》、《革命記》、《新唐書》等記載，《舊唐書》記有高祖要把山東十五歲以上男子悉數坑殺，弱小及婦女驅入關中，充實京邑。太宗力諫，才未實施。《考異》的「按語」則是：「高祖雖不仁，亦不至有『欲空山東』之理。史臣專欲歸美太宗，其於高祖亦盛誣矣。今采《革命記》及《新書》。」我們讀這些《考異》的文字，可以清楚感到在范祖禹的心中，任何資料都有其立場，許多記載是不可盡信的。

《考異》中常見對資料選取的說明，這書何以不可信，那書何處有誤等，最後說明這一段《通鑑》的記事是綜合各種資料而成的。舉例來說，武承嗣、武三思想當太子，請人對

TOP PHOTO

（左圖）武則天，唐高宗李治的皇后，中國第一位女皇帝。武氏晚年本欲立武氏子弟為太子，後在宰相狄仁傑的勸說下，依舊是立廬陵王為太子。

武則天説，自古以來，沒有以異姓為太子的。狄仁傑則説姑姪不如母子親，姪子當了天子，姑姑是不能進入太廟，享有後人的祭祀的。狄仁傑又勸武則天召還廬陵王，武則天有點動心。這時深受武則天寵愛的面首吉頊，對同為面首的張易之、張昌宗兄弟説，你們兩人無大功於天下，若能説動武則天，立廬陵王為太子則立了大功，武則天終於立定心意，以廬陵王為太子。范祖禹寫了一條長逾千字的《考異》，仔細説明這段《通鑑》文字是如何組成的。他先説：有一本《狄梁公傳》，坊間傳説是李邕寫的，但文字很差，一定不是李邕的著作，引用抄錄了一段，説明它的不可信。再選出《談賓錄》及《御史臺記》中的兩段，也指出兩書中的錯誤，如：前書以吉頊為天官侍郎，後書稱睿宗為相王，都是不對的。又引了《新唐書‧狄仁傑傳》，提及張易之問計於狄仁傑，狄仁傑勸他請武則天召還廬陵王。這是不可信的，因為狄仁傑絕不會與張易之談這樣的大事。最後記下了《朝野僉載》的一段話，基本上予以引用，卻也指出當時睿宗還不是相王，狄仁傑的話語也有不妥之處。范祖禹藉《考異》把考訂資料是否可信的原則，以及史文如何編撰的程序都做了清楚的展現。

理財家的典範——劉晏

我們讀《資治通鑑》，可以看到古人如何做事，儘管不能完全學到，多少也能提高一點做事的成效，況且還可以了解做事的道理，好處很多。這類的事例很多很多，這裏只能舉出一個，略作説明。「安史之亂」是唐代歷史的分水嶺，此後的唐朝盛況不再，雖然我們看到似乎頗有作為的君主，像是「元和之治」的唐憲宗，甚至有「小太宗」美譽的唐宣宗。但也如同黃昏前的一抹夕陽，儘管絢爛，卻無以阻擋黑夜的到來，情勢只見快速惡化。但是「安史之亂」終究是結束了，叛軍消滅了，大唐帝國名義上仍然屹立。我們要問：

TOP PHOTO

（上圖）安史之亂時史思明的鑄幣「得壹元寶」、「順天元寶」。當時史思明叛變安祿山，自稱自稱「大燕皇帝」、「大聖周皇帝」、「應天皇帝」等，這便是當時的錢幣。

TOP PHOTO

何人之功？穩定大局的郭子儀，奮戰不已的李光弼，以及回
紇的馬匹與騎兵，都功不可沒。但是在那艱難時刻，統籌錢
糧物資，不斷支援前線，使國計不虞匱乏的理財名家劉晏，
也是必須記得的名字。《通鑑》在劉晏死後，寫了一大段回
顧他如何處事，建立功業的文字，值得我們細讀。

初，安史之亂，數年間，天下戶口什亡八九，州縣多為藩鎮所

（上圖）清 袁江《沉香亭圖》。
沉香亭是唐玄宗初登基時，興
建自己的太子府邸而成的宮
苑，他並在此與嬪妃同樂。李
白《清平調》中便曾描述楊貴
妃「解釋春風無限恨，沉香亭
北倚欄杆」。而玄宗中年後不
務政事、放縱外戚與藩鎮，都
是造成安史之亂的主因之一。

據，貢賦不入，朝廷府庫耗竭，中國多故，戎狄每歲犯邊，所在宿重兵，仰給縣官，所費不貲，皆倚辦於晏。晏初為轉運使，獨領陝東諸道，陝西皆度支領之，末年兼領，未幾而罷。

晏有精力，多機智，變通有無，曲盡其妙。常以厚直募善走者，置遞相望，覘報四方物價，雖遠方，不數日皆達使司，食貨輕重之權，悉制在掌握，國家獲利而天下無甚貴甚賤之憂。常以為：「辦集眾務，在於得人，故必擇通敏、精悍、廉勤之士而用之；至於句檢簿書，出納錢穀，必委之士類；吏惟書符牒，不得輕出一言。」常言：「士陷贓賄，則淪棄於時，名重於利，故士多清脩；吏雖潔廉，終無顯榮，利重於名，故吏多貪污。」然惟晏能行之，他人效者終莫能逮。其屬官雖居數千里外，奉教令如在目前，起居語言，無敢欺紿。當時權貴，或以親故屬之者，晏亦應之，使俸給多少，遷次緩速，皆如其志，然無得親職事。其場院要劇之官，必盡一時之選。故晏沒之後，掌財賦有聲者，多晏之故吏也。

晏又以為戶口滋多，則賦稅自廣，故其理財以愛民為先。諸道各置知院官，每旬月，具州縣雨雪豐歉之狀白使司，豐則貴糴，歉則賤糶，或以穀易雜貨供官用，及於豐處賣之。知院官始見不稔之端，先申至，某月須如干蠲免，某月須如干救助（胡注：如干，猶言若干也），及期，晏不俟州縣申請，即奏行之，應民之急，未嘗失時，不待其困弊、流亡、餓殍，然後賑之也。由是民得安其居業，戶口蕃息。晏始為轉運使，時天下見戶不過二百萬，其季年乃三百餘萬；在晏所統則增，非晏所統則不增也。其初財賦歲入不過四百萬緡，季年乃千餘萬緡。

晏專用榷鹽法充軍國之用。時自許、汝、鄭、鄧之西，皆食河東池鹽，度支主之；汴、滑、唐、蔡之東，皆食海鹽，晏主之。晏以為官多則民擾，故但於出鹽之鄉置鹽官，收鹽戶所煮之鹽轉鬻於商人，任其所之，自餘州縣不復置官。其江嶺間去鹽鄉遠者，轉官鹽於彼貯之。或商絕鹽貴，則減價

TOP PHOTO

鬻之，謂之常平鹽，官獲其利而民不乏鹽。其始江、淮鹽利不過四十萬緡，季年乃六百餘萬緡，由是國用充足而民不困弊。其河東鹽利，不過八十萬緡，而價復貴於海鹽。

先是，運關東穀入長安者，以河流湍悍，率一斛得八斗至者，則為成勞，受優賞。晏以為江、汴、河、渭，水力不同，各隨便宜，造運船，教漕卒，江船達揚州，汴船達河陰，河船達渭口，渭船達太倉，其間緣水置倉，轉相受給。自是每歲運穀或至百餘萬斛，無斗升沉覆者。船十艘為一綱，使軍將領之，十運無失，授優勞，官其人。數運之後，無不斑白者。晏於揚子置十場造船，每艘給錢千緡。或言「所用實不及半，虛費太多」。晏曰：「不然，論大計者固不可惜小費，凡事必為永久之慮。今始置船場，執事者至多，當先使之私用無窘，則官物堅牢矣。若遽與之屑屑校計錙銖，安能久行乎！異日必有患吾所給多而減之者；減半以下猶可也，過此則不能運矣。」其後五十年，有司果減其半。及咸通中，有司計費以給之，無復羨餘，船益脆薄易壞，漕運遂廢矣。

（上圖）清 袁耀《杜甫〈陪諸貴公子丈八溝攜妓納涼晚際遇雨二首〉詩意圖》。
丈八溝是唐代天寶年間所修的人工溝渠，本為供給長安民生用水，後也擔任漕運之務。安史之亂後，國家凋敝，唐王朝本搖搖欲墜，但因有劉晏等財政官的維持，使得唐代國祚又得以延長百年。劉晏對於財政的改革主要在於鹽鐵與漕運，尤其他所改良的漕運路線，對於唐代後期的經濟助益頗大。

55

晏為人勤力，事無閒劇，必於一日中決之，不使留宿，後來言財利者皆莫能及之。

　　第一段，交代劉晏的時代背景。「初」字，是回溯往昔情事，常見於《通鑑》的敘事中。安史之亂造成天下殘破，朝廷稅收銳減，而用兵不已，開支極大，錢糧物資，從何而來？幸有理財名臣劉晏，方能支撐局面。文中「縣官」指朝廷，而不是縣府的長官。

　　第二段，講述劉晏辦事的方法。首先，劉晏很重視信息的掌握，不惜重金（厚直）招募行動迅速的人，奔走各方，報告四方物價。讓轉運使可以知道各地物價的情況，適時進行調節。其次，他提出很重要的用人標準，他非但用讀書人，而且要符合三個條件：通敏、精悍和廉勤。通敏應指頭腦清晰，反應敏捷，思考事情，條分縷析，邏輯謹嚴。精悍應指具有膽識、有擔當，果為決斷，勇於負責，有一股強大的內在力量。廉勤應指廉潔與勤勉，任事是為了把事情做好，而不是為了謀取個人的私利，不以賺錢為目的；做事也要全力以赴，竭盡所能，又求完善。我們可以從幾個方面想想，一是，如果手下有一批這樣的人，必定什麼事都會辦得很好；二是，這樣很能辦事的人是怎樣培育出來的？唐代讀書人，讀些傳統的典籍，似乎就可以做到，可知傳統典籍應該有益於治事。第三，他很懂得官場文化，絕不得罪當權者，反而是有求必應。權貴子弟要任職可以；要高薪可以；要升遷也可以，一切照辦，只是不讓這批人經手辦事。重要職務，一定找能力最強、足以擔當的人出任，而找到的都是當時最優秀的人才。我們讀這段文字，似乎應該把「通敏、精悍、廉勤」這幾個字銘記心中。

（上圖）錢鍾書曾在《宋詩選註》中稱讚劉敞、劉攽是北宋最精博的史學家，魏晉南北朝的政治紛亂也在劉恕的整理之下有一個完整的呈現。

第四段，講他辦事的主要目的。辦事不是為朝廷，不是為皇帝，而是為人民。劉晏關心的是平民百姓是否衣食無虞，要想盡辦法預防荒歉，盡一切人事所能做到，往往上天也會呼應，於是戶口蕃息，財賦增加。「民為邦本，本固邦寧」的道理，劉晏深切認識，而且有謀略、有能力加以落實。這段文字中，「以愛民為先」幾個字，必定是范祖禹與司馬光要從政辦事的人，不可或忘的核心觀念。

第五段，舉例說明辦事的構思和成效。關於販鹽，如何達到政府可以獲利，民間既不缺乏，價格又便宜的目標。何處應該置鹽官，何處不置鹽官，何處招商販賣，商人不到的地方如何處理等等，劉晏都詳加考慮，仔細規畫，實施之後，成果當然豐碩。

北京故宮博物院藏

第六段，再舉例說明辦事的構思與謀略。漕運何以成效不彰，先找出原因，再對症下藥；依據河流的水文差異，建造不同船舶，編成船隊，再以重賞為餌，逼迫負責軍將竭其所能，全力以赴。經由這樣完整的規畫，自然得到極佳的成效。劉晏辦事，講究謀略，為了達到目的，可以應付權貴，也可以容許貪污。「論大計者不可惜小費，凡事必為永久之慮。」就是他辦事時信守的原則，所以，他不在乎辦事的人先顧及自己「私用無窮」，卻很在乎所辦的事是否達到預期的標準。

最後是一行的總結。我們可以想像，劉晏要處理的事務必定極多，但他絕不拖延，必在一天之內做成決定，可見他

（上圖）明 吳偉《樹下圖書圖》。
此畫描繪一名文士於耕牧閒暇時，於樹下休憩讀書，自得其樂之景。錢穆曾歸納朱熹的讀書方法為「著期限，緊著課程；循序漸進，熟讀精思；緩視微吟，虛心涵泳」。

57

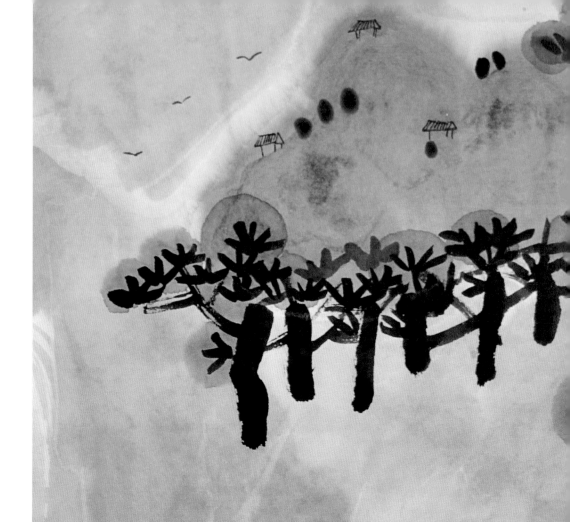

司馬光於《資治通鑑·進書表》中言：「臣今骸骨癯瘁，目視昏近，齒牙無幾，神識衰耗，目前所為，旋踵遺忘。臣之精力，盡於此書」。他一共花費十九個寒暑，「日力不足，繼之以夜」來編纂《資治通鑑》，可想而知過程十分艱辛。《資治通鑑》成書不到兩年，司馬光便積勞病逝。

廖文豪繪

的「勤力」，也就是能力極其高強，要學他的作為，極不容易，是學不到的。理財方面，可說無人能及。

如何閱讀這本書

《資治通鑑》是一部二百九十四卷的大書，我們如何著手呢？不必從第一頁讀起，想讀什麼，就找那段來讀。如何讀它呢？不妨參考朱子讀書的方法，錢穆歸納成二十四個字：「寬著期限，緊著課程；循序漸進，熟讀精思；緩視微吟，虛心涵泳。」意思是不要訂立很緊的閱讀日程，但打開書本，一定要全神貫注，心無旁騖。先讀簡單點的、短點的，再讀複雜的、長段的。讀的時候，一定要用腦筋，不斷地想這句話是什麼意思？古人為什麼要記下它？要慢慢地讀，要用心去體會、感受。

讀《通鑑》，不可不讀胡三省的注，清代考據家讚賞的職官、地理等大段注文，可以不讀。但他有點感觸，想到什麼，隨手寫下的幾個字或一、二行注文，卻要好好地讀。我們讀的時候，要想胡三省為什麼在這裏停下，寫了這幾個字？他在想什麼？這些或許可以看作我們進入歷史世界的路標，指示我們前進的方向，我們照著路標走，將會看到過去世界中許多美好的、哀傷的、精采的人與事，可以讓我們擴大生活經驗，培養辦事能力，進而提高識見胸懷，明白人世道理。

為什麼要讀《資治通鑑》呢？當然，我們想回到過去，去看看那展示世運興衰、人物賢奸，無數精采的、動人的圖像與情景。只要我們仔細閱讀那記載著一千三百六十二年歲月的篇章，用心去體會許許多多的記錄者、撰述者，一字一句寫下這些文字時，蘊藏心中的關懷與感動，這些圖像與情景就會發生撼動的力量，讓我們有所轉化，把我們的情志修養帶向更高的境界，讓我們成為繼承傳統優良文化，形塑明日理想社會的好公民。 ■

千年一瞬

摘錄自《資治通鑑》

謝祖華

英國普利茅斯大學平面設計系畢業。專業插畫家。愛書人、攝影迷。

繪有《風島飛起來了》、《我愛藍樹林》、《紅瓦房》、英譯本《橘子紅了》等書。

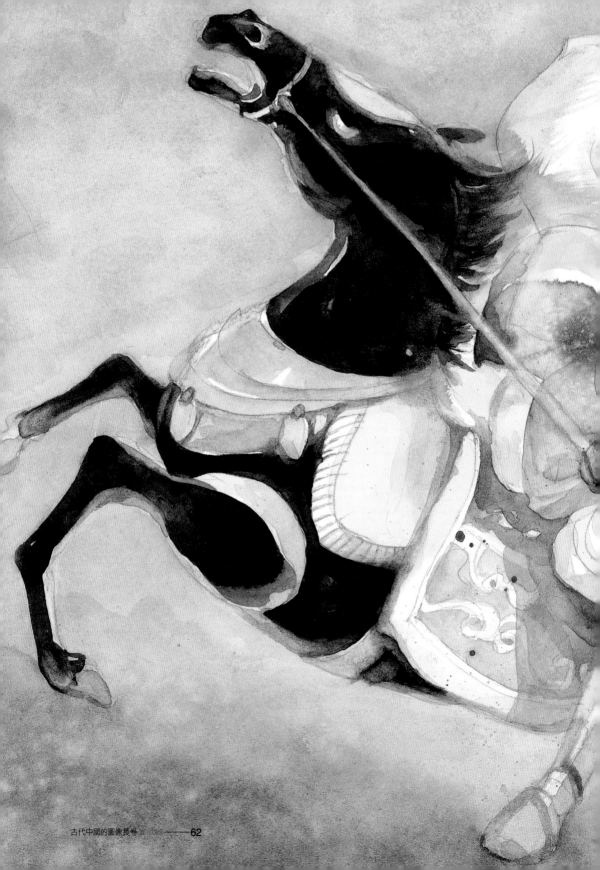

歷史人物：項羽

項王笑曰：
「天之亡我，我何渡為！
且籍與江東子弟八千人渡江而西，
今無一人還；
縱江東父兄憐而王我，
我何面目見之！
縱彼不言，籍獨不愧於心乎！」
——卷十一．漢紀三（太祖高皇帝中五年）

項羽笑著說：「上蒼要我滅
亡，我何須要渡江！況且我
與八千江東子弟渡江西征，
如今沒有一個人歸還，縱使
江東父老仍然尊我為王，我
又拿什麼顏面去見他們！即
使他們不說什麼，難道我就
不於心有愧嗎！」

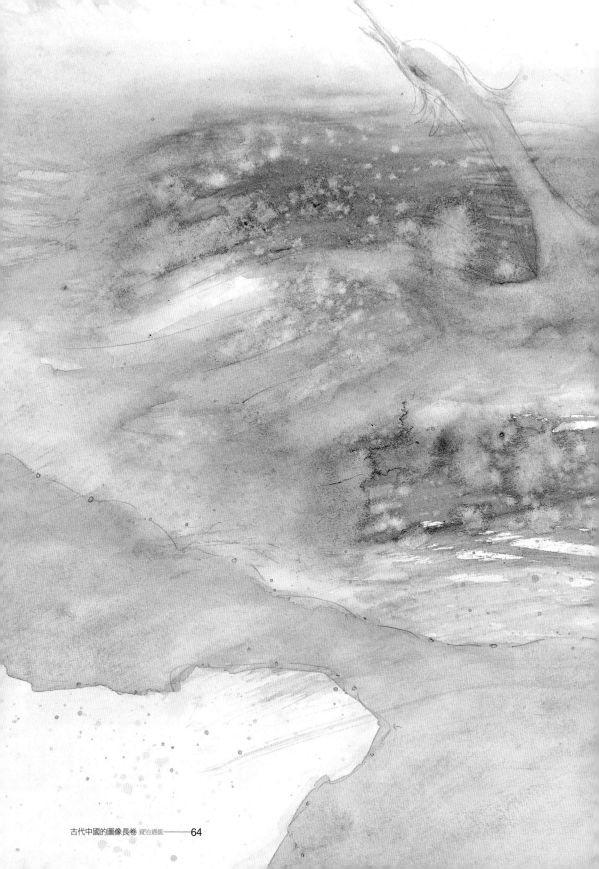

歷史人物：漢武帝

吏民以巫蠱相告言者，案驗多不實。

上頗知太子惶恐無它意，會高寢郎田千秋上急變，

訟太子冤曰：「子弄父兵，罪當笞。天子之子過誤殺人，當何罪哉！

臣嘗夢一白頭翁教臣言。」上乃大感寤。

上憐太子無辜，乃作思子宮，為歸來望思之台於湖，天下聞而悲之。

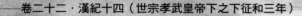

——卷二十二・漢紀十四（世宗孝武皇帝下之下征和三年）

經過官吏查證，發現許多互告巫蠱罪的多半不是實情。漢武帝也頗知道太子當初並沒有造反的意思。守衛祭廟的郎官田千秋又上奏章，為太子鳴冤：「兒子擅用父親的軍隊，應受鞭打的刑罰。但天子之子誤殺人，哪有什麼罪呢！這是我夢見一位白髮老者囑咐我上奏這件事的。」漢武帝乃有所醒悟。

漢武帝憐惜太子的無辜，特別修建思子宮，又建了一座歸來望思台。百姓聽聞此事後，也感到十分悲傷。

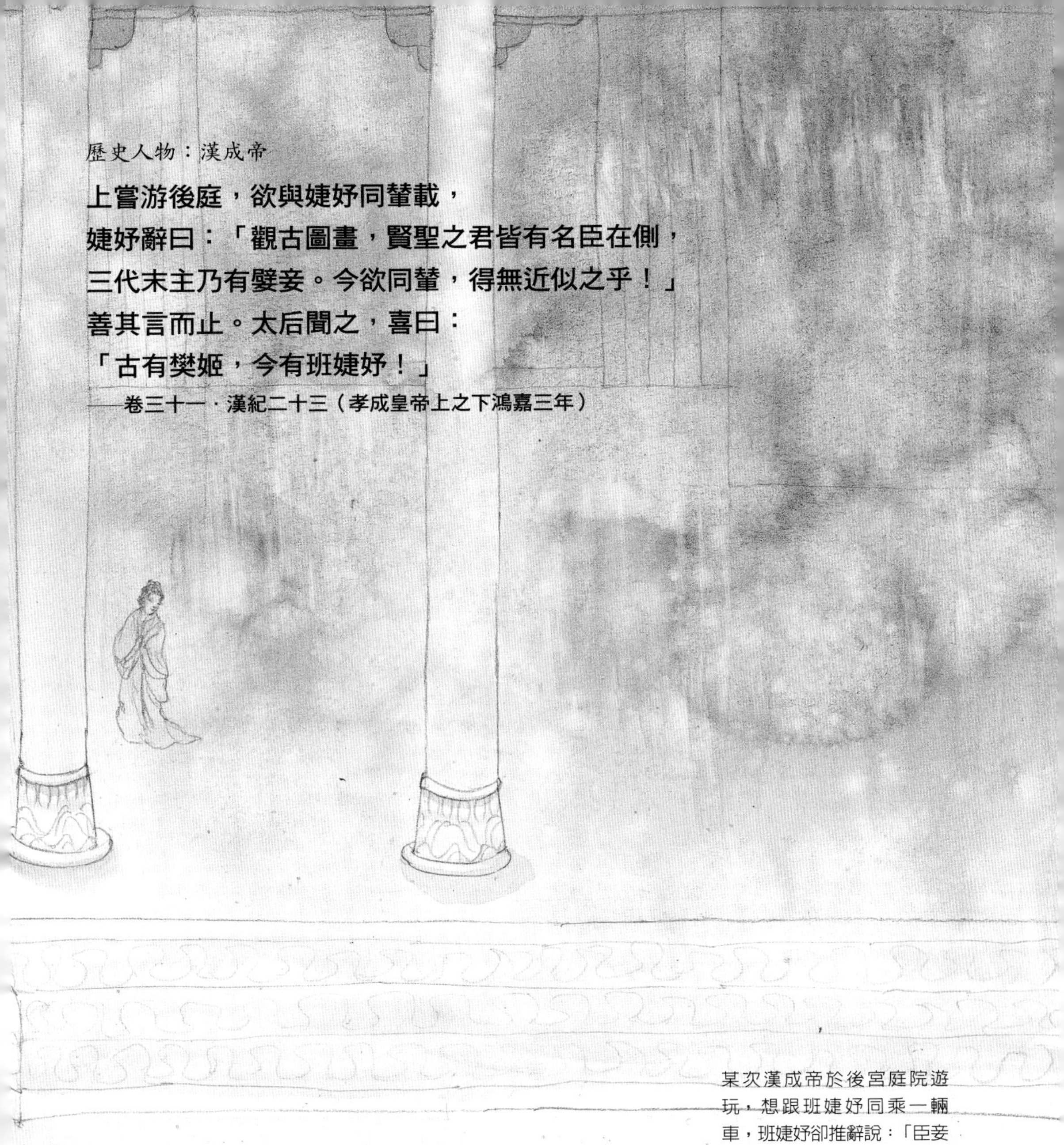

上嘗游後庭，欲與婕妤同輦載，

婕妤辭曰：「觀古圖畫，賢聖之君皆有名臣在側，

三代末主乃有嬖妾。今欲同輦，得無近似之乎！」

善其言而止。太后聞之，喜曰：

「古有樊姬，今有班婕妤！」

——卷三十一・漢紀二十三（孝成皇帝上之下鴻嘉三年）

某次漢成帝於後宮庭院遊玩，想跟班婕妤同乘一輛車，班婕妤卻推辭說：「臣妾看古代繪畫時，聖王旁都跟隨著賢臣，而三代亡國之君的身旁才有寵姬。現在陛下想與我同車，是不是也有些類似呢！」漢成帝很讚賞班婕妤，也就不再勉強。太后聽說了，高興地說：「古代有賢淑的樊姬，今日則有班婕妤！」

歷史人物：石勒

眾人畏死，多自陳述。

獨襄陽王範神色儼然，顧呵之曰：

「今日之事，何復紛紜！」

勒謂孔萇曰：「吾行天下多矣，未嘗見此輩人，當可存乎？」

胡三省注：勒欲存之，以諸人儀觀之清楚耳。

——卷八十七．晉紀九（孝懷皇帝中永嘉五年）

被抓獲的東晉遺臣都怕死，
各自陳述自己的無辜，只有
襄陽王司馬範表情嚴肅，喝
斥道：「今天的事情，不必再
說了。」石勒對孔萇說：「我
廣見世面，卻沒有見過這樣
儀表清楚的人們，能否讓他
們活著？」
胡三省在此段作注：石勒不
想殺遺臣，是因為他們的儀
表風範超逸。

歷史人物：劉裕

遇賊數千人，即迎擊之，從者皆死，裕墜岸下。
賊臨岸欲下，裕奮長刀仰斫殺數人，乃得登岸，
仍大呼逐之，賊皆走。

——卷一百一十一·晉紀三十三（安皇帝丙隆安三年）

劉裕遇上一支數千人的叛
軍，便立刻上前殺敵，與他
同行的士兵全部被殺死，而
劉裕跌落山谷下。叛軍來到
谷邊準備追擊，忽見劉裕奮
勇地揮舞長刀，衝上來砍殺
數名敵人，重新登岸，並且
吼叫，敵人全數落荒而逃。

歷史人物：隋煬帝

甲子，帝幸江都。帝以詩留別宮人曰：「我夢江都好，征遼亦偶然。」
——卷一百八十三·隋紀七（煬皇帝下大業十二年）

甲子年時，隋煬帝巡幸江
都。他留下了一首詩：「我
夢見江都如此美好，而當初
遠征遼東只是一時的念頭罷
了。」

歷史人物：武則天

他日，又謂仁傑曰：「朕夢大鸚鵡兩翅皆折，何也？」
對曰：「武者，陛下之姓，兩翼，二子也。
陛下起二子，則兩翼振矣。」
太后由是無立承嗣、三思之意。
——卷二〇六・唐紀二十二（則天順聖皇后中之下聖曆元年）

某日，武后召喚狄仁傑詢問：
「我夢見大鸚鵡的雙翅都折斷
了，這夢境是什麼意思？」
狄仁傑對答曰：「武〔鵡〕
是陛下的姓，而雙翅是陛下
的兩個兒子。陛下要是立兩
子為太子，則雙翅便能振作
了。」武后因此打消了立武承
嗣、武三思為太子的念頭。

歷史人物：司馬光

窮竭所有，日力不足，繼之以夜……
臣今骸骨癯瘁，目視昏近，
齒牙無幾，神識衰耗，目前所為，旋踵遺忘。
臣之精力，盡於此書。
俾四海群生，咸蒙其福，則臣雖委骨九泉，志願永畢矣！

—— 進書表（元豐七年）

臣竭盡心力，日以繼夜地工
作。現在臣的身體衰弱，視
力茫茫，牙齒也快掉光了，
神志逐漸耗損、記憶力衰
退，常常剛做完的事情一下
子就忘記。臣畢生的精力，
都竭盡在這本書上。
希望能使天下的百姓，都獲
得皇上賢明的庇蔭，那麼就
算是立刻死於九泉之下，臣
也沒有任何遺憾！

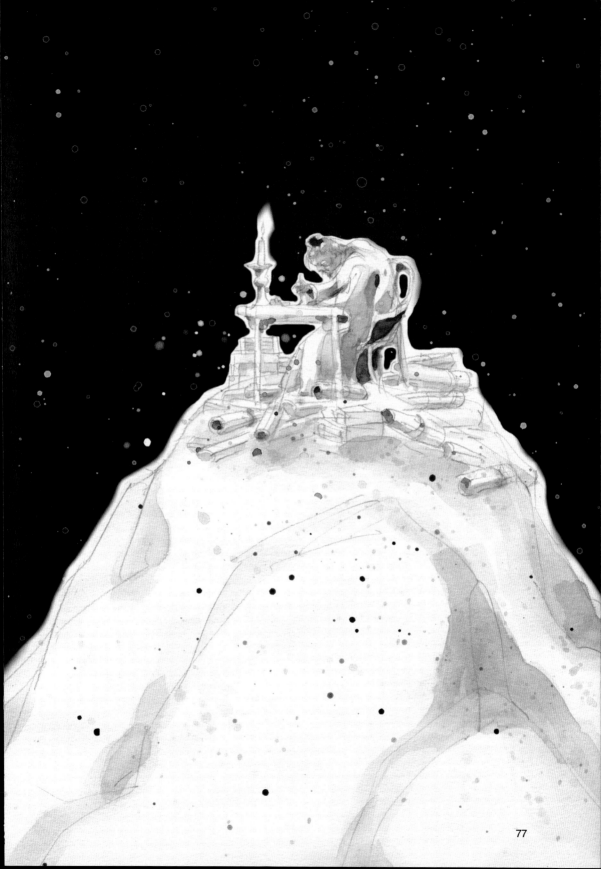

3.0

原典選讀

司馬光 原著
張元 題標

通鑑開篇，
司馬光論名分

周威烈王二十三年
（前403）

初命晉大夫魏斯、趙籍、韓虔為諸侯。胡三省注：三家者，世為晉大夫，於周則陪臣也。周室既衰，晉主夏盟，以尊王室，故命之為伯。三卿竊晉之權，暴蔑其君，剖分其國，此王法所必誅也。威烈王不惟不能誅之，又命之為諸侯，是崇獎奸名犯分之臣也。《通鑑》始於此，其所以謹名分歟！

臣光曰：臣聞天子之職莫大於禮，禮莫大於分，分莫大於名。何謂禮？紀綱是也。何謂分？君、臣是也。何謂名？公、侯、卿、大夫是也。

夫以四海之廣，兆民之眾，受制於一人，雖有絕倫之力，高世之智，莫不奔走而服役者，豈非以禮為之紀綱哉！是故天子統三公，三公率諸侯，諸侯制卿大夫，卿大夫治士庶人。貴以臨賤，賤以承貴。上之使下猶心腹之運手足，根本之制支葉，下之事上猶手足之衛心腹，支葉之庇本根，然後能上下相保而國家治安。故曰天子之職莫大於禮也。

文王序《易》，以乾、坤為首。孔子繫之曰：「天尊地卑，乾坤定矣。卑高以陳，貴賤位矣。」言君臣之位猶天地之不可易也。《春秋》抑諸侯，尊王室，王人雖微，序於諸侯之上，以是見聖人於君臣之際未嘗不惓惓也。惓惓，猶言勤勤也。非有桀、紂之暴，湯、武之仁，人歸之，天命之，君臣之分當守節伏死而已矣。是故以微子而代紂則成湯配天矣，以季札而君吳則太伯血食矣，吳王壽

夢有子四人：長曰諸樊，次曰餘祭，次曰餘眛，次曰季札。季札賢，壽夢欲立之，季札讓不可，於是立諸樊。諸樊卒，以授餘祭，欲兄弟以次相傳，必致國於季札；季札終讓而逃之。其後諸樊之子光與餘眛之子僚爭國，至於夫差，吳遂以亡。宗廟之祭用牲，故曰血食。然二子寧亡國而不為者，誠以禮之大節不可亂也。故曰禮莫大於分也。

夫禮，辨貴賤，序親疏，裁群物，制庶事，非名不著，非器不形；名以命之，器以別之，然後上下粲然有倫，此禮之大經也。名器既亡，則禮安得獨在哉！昔仲叔于奚有功於衛，辭邑而請繁纓，孔子以為不如多與之邑。惟名與器，不可以假人，君之所司也；政亡則國家從之。《左傳》：衛孫桓子帥師與齊師戰於新築，衛師敗績。新築人仲叔于奚救孫桓子，桓子是以免。既而衛人賞之邑，辭；請曲縣、繁纓以朝，許之。孔子聞之曰：「不如多與之邑，惟名與器不可以假人。」衛君待孔子而為政，孔子欲先正名，以為名不正則民無所措手足。夫繁纓，小物也，而孔子惜之；正名，細務也，而孔子先之：誠以名器既亂則上下無以相保故也。夫事未有不生於微而成於著，聖人之慮遠，故能謹其微而治之，眾人之識近，故必待其著而後救之；治其微則用力寡而功多，救其著則竭力而不能及也。《易》曰：「履霜堅冰至」，《書》曰：「一日二日萬幾」，謂此類也。故曰分莫大於名也。

嗚呼！幽、厲失德，周道日衰，綱紀散壞，下陵上替，諸侯專征，謂齊桓公、晉文公至悼公以及楚莊王、吳夫差之類。大夫擅政，謂晉六卿、魯三家、齊田氏之類。禮之大體什喪七八矣，然文、武之祀猶緜緜相屬者，蓋以周之子孫尚能守其名分故也。何以言之？昔晉文公有大功於王室，請隧於襄王，襄王不許，曰：「王章也。未有代德而有二王，亦叔父之所惡也。不然，叔父有地而隧，又何請焉！」文公於是懼而不敢違。太叔帶之難，襄王出居於氾。晉文公帥師納王，殺太叔帶。既定襄王於郟，王勞之以地，辭；請隧焉，王弗許云云。杜預曰：闕地通路曰隧，此乃王者葬禮也。諸侯皆縣柩而下。王章者，章顯王者異於諸侯。古者天子謂同姓諸侯為伯父、叔父。是故以周之地則不大於曹、滕，以周之民則不眾於邾、莒，曹、滕、邾、莒，春秋時小國。然歷數百年，宗主天下，雖以晉、楚、齊、秦之強不敢加者，何哉？徒以名分尚存故也。至於季氏之於魯，田常之於齊，白公之於楚，智伯之於晉，魯大夫季氏，自季友以來，世執魯國之政。季平子逐昭公，季康子逐哀公，然終身北面，不敢簒國。田常，即陳恆。田氏本陳氏；溫公避國諱，改「恆」曰「常」。陳成子得齊國之政，殺闞止，弒簡公，而亦不敢自立。《史記世家》以陳敬仲完為田敬仲完，陳成子恆為田常，故《通鑑》因以為據。白公勝殺楚令尹子西、司馬子期，石乞曰：「焚庫弒王，不然不濟！」白公曰：「弒王不祥，焚庫無聚。」智伯當晉之衰，專其國政，侵

伐鄰國，於晉大夫為最強；攻晉出公，出公道死。智伯欲併晉而不敢，乃奉哀公驕立之。其勢皆足以逐君而自為，然而卒不敢者，豈其力不足而心不忍哉，乃畏奸名犯分而天下共誅之也。今晉大夫暴蔑其君，剖分晉國，天子既不能討，又寵秩之，使列於諸侯，是區區之名分復不能守而并棄之也。先王之禮於斯盡矣！

或者以為當是之時，周室微弱，三晉強盛，三家分晉國，時因謂之「三晉」，猶後之三秦、三齊也。雖欲勿許，其可得乎！是大不然。夫三晉雖強，苟不顧天下之誅而犯義侵禮，則不請於天子而自立矣。不請於天子而自立，則為悖逆之臣，天下苟有桓、文之君，必奉禮義而征之。今請於天子而天子許之，是受天子之命而為諸侯也，誰得而討之！故三晉之列於諸侯，非三晉之壞禮，乃天子自壞之也。

烏呼！君臣之禮既壞矣，則天下以智力相雄長，遂使聖賢之後為諸侯者，社稷無不泯絕，謂齊、宋亡於田氏，魯、陳、越亡於楚，鄭亡於韓也。生民之類糜滅幾盡，豈不哀哉！

趙良諫商鞅

周顯王三十一年
（前338）

秦孝公薨，子惠文王立。公子虔之徒告商君欲反，發吏捕之。商君亡之魏；之，如也，往也。魏人不受，復內之秦。怨其挾詐以破魏師，故不受。商君乃與其徒之商於，發兵北擊鄭。秦人攻商君，殺之，車裂以徇，盡滅其家。車裂，古之轘刑。

初，商君相秦，用法嚴酷，嘗臨渭論囚，渭水盡赤。為相十年，人多怨之。按顯王十七年，秦以商鞅為大良造；十九年，商鞅徙秦都咸陽，廢井田，開阡陌，平權量。二十一年，更賦稅法，為相當在是年，至今年十年矣。趙良見商君，商君問曰：「子觀我治秦，孰與五羖大夫賢？」百里奚自賣以五羖羊之皮，為人養牛；秦穆公舉以為相，秦人謂之五羖大夫。趙良曰：「千人之諾諾，不如一士之諤諤。僕請終日正言而無誅，可乎？」商君曰：「諾。」趙良曰：「五羖大夫，荊之鄙人也，穆公舉之牛口之下，百里奚亡秦走宛，楚鄙人執之；繆公以五羖羊皮贖之，以為上大夫。而加之百姓之上，秦國莫敢望焉。相秦六七年而東伐鄭，三置晉君，一救荊禍。三置晉君，謂立惠公、懷公、文公也。余按《左傳》，晉既敗楚於城濮，又敗秦於殽，穆公使鬬克歸楚求成，所謂救荊禍，蓋指此也。秦諱楚，故其國記率謂楚為「荊」。太史公取《秦記》為《史記》，《通鑑》又因《史記》而成書，故亦以楚為荊。其為相也，勞不坐乘，古者車立乘，惟安車則坐乘耳。暑不張蓋。蓋，所以覆冒車上也。行於國中，不從車乘，不操干戈。五羖大夫死，秦國男女流涕，童子不歌

謠。舂者不相杵。相杵者，以音聲相勸。今君之見也，因嬖人景監以為主；其從政也，淩轢公族，殘傷百姓。公子虔杜門不出已八年矣。君又殺祝懽而黥公孫賈。《詩》曰：『得人者興，失人者崩。』此數者，非所以得人也。君之出也，後車載甲，多力而駢脅者為驂乘，持矛而操闟戟者旁車而趨。此一物不具，君固不出。《書》曰：『恃德者昌，恃力者亡。』此數者，非恃德也。君之危若朝露，朝露易晞，言不久也。而尚貪商於之富，寵秦國之政，言以專秦國之政為寵也。畜百姓之怨。秦王一旦捐賓客而不立朝，秦國之所以收君者豈其微哉！」微，少也。趙良言豈少，蓋謂太子與其師傅將挾怨而殺之也。商君弗從。居五月而難作。史言商君尚刑愎諫之禍速。

劉邦項羽
英雄出場

秦二世皇帝元年
（前209）

劉邦，字季，為人隆準、龍顏，左股有七十二黑子。黑子，今中國通呼為驪子，吳、楚俗謂之誌；誌者，記也。愛人喜施，意豁如也；常有大度，不事家人生產作業。初為泗上亭長，秦法：十里一亭。亭長，主亭之吏；亭，謂停留客旅宿食之館。亭長，蓋今之里長，民有訟靜，吏留平辨，得成其政。單父人呂公，好相人，見季狀貌，奇之，以女妻之。呂公女，是為呂后。

既而季以亭長為縣送徒驪山，徒多道亡。自度比至皆亡之，到豐西澤中亭，止飲，夜，乃解縱所送徒曰：「公等皆去，吾亦從此逝矣！」徒中壯士願從者十餘人。

劉季被酒，夜徑澤中，有大蛇當徑，季拔劍斬蛇。有老嫗哭曰：「吾子，白帝子也，化為蛇，當道；今赤帝子殺之！」因忽不見。嫗，老母也。劉季亡匿於芒、碭山澤之間，數有奇怪；沛中子弟聞之，多欲附者。

及陳涉起，沛令欲以沛應之。掾、主吏蕭何、曹參曰：「君為秦吏，今欲背之，率沛子弟，恐不聽。願君召諸亡在外者，可得數百人，因劫眾，眾不敢不聽。」乃令樊噲召劉季。劉季之眾已數十百人矣；沛令後悔，恐其有變，乃閉城城守，欲誅蕭、曹。蕭、曹恐，踰城保劉季。言投劉季以自保也。劉季乃書帛射城上，遺沛父老，為陳利害。父老乃率子弟共殺沛令，開門迎劉季，立以為沛

公。春秋之時，楚僭王號，其大夫多封縣公，如申公、葉公、魯陽公之類是也。今立季為沛公，用楚制也。蕭、曹等為收沛子弟，得三千人，以應諸侯。

項梁者，楚將項燕子也，嘗殺人，與兄子籍避仇吳中。吳中賢士大夫皆出其下。籍少時學書，不成，去；學劍，又不成。項梁怒之。籍曰：「書，足以記名姓而已！劍，一人敵不足學；學萬人敵！」於是項梁乃教籍兵法，籍大喜；略知其意，又不肯竟學。籍長八尺餘，力能扛鼎，才器過人。會稽守殷通聞陳涉起，欲發兵以應涉，使項梁及桓楚將。是時，桓楚亡在澤中。梁曰：「桓楚亡，人莫知其處，獨籍知之耳。」梁乃誡籍持劍居外，梁復入，與守坐，曰：「請召籍，使受命召桓楚。」守曰：「諾。」梁召籍入。須臾，梁眴籍曰：「可行矣！」眴，動目而使之也。於是籍遂拔劍斬守頭。項梁持守頭，佩其印綬。門下大驚，擾亂；籍所擊殺數十百人，言所殺自數十至百人也。一府中皆慴伏，莫敢起。梁乃召故所知豪吏，諭以所為起大事，遂舉吳中兵，使人收下縣，得精兵八千人。梁為會稽守，籍為裨將，徇下縣。籍是時年二十四。項籍始此。

文景治績

漢景帝後三年
（前141）

漢興，接秦之弊，作業劇而財匱，自天子不能
具鈞駟，四馬一色，謂之鈞駟。而將相或乘牛車，齊民
無藏蓋。蘇林曰：無物可蓋藏。天下已平，高祖乃令
賈人不得衣絲、乘車，重租稅以困辱之。孝惠、
高后時，為天下初定，復弛商賈之律；然市井
之子孫，亦不得仕宦為吏。量吏祿，度官用，以
賦於民。而山川、園池、市井租稅之入，自天子
以至於封君湯沐邑，皆各為私奉養焉，不領於天
子之經費。漕轉山東粟以給中都官，歲不過數十
萬石。繼以孝文、孝景，清淨恭儉，安養天下，
七十餘年之間，國家無事，非遇水旱之災，民則
人給家足。都鄙廩庾皆滿，而府庫餘貨財；京師
之錢累鉅萬，貫朽而不可校；太倉之粟陳陳相因，
充溢露積於外，至腐敗不可食。眾庶街巷有馬，
而阡陌之間成群，乘字牝者擯而不得聚會。守閭
閻者食粱肉；為吏者長子孫，居官者以為姓號。
故人人自愛而重犯法，先行義而後詘辱焉。當此
之時，罔疏而民富，役財驕溢，或至兼併、豪黨
之徒，以武斷於鄉曲。宗室有土、公、卿、大夫
以下，爭於奢侈，室廬、輿服僭於上，無限度。
物盛而衰，固其變也；自是之後，孝武內窮侈靡，
外攘夷狄，天下蕭然，財力耗矣！

東海太守濮陽汲黯為主爵都尉。始，黯為謁者，以嚴見憚。東越相攻，上使黯往視之；不至，至吳而還，報曰：「越人相攻，固其俗然，不足以辱天子之使。」河內失火，延燒千餘家，上使黯往視之；還，報曰：「家人失火，屋比延燒，師古曰：家人，猶言庶人家也。比，近也；言屋相近，故連延而燒也。不足憂也。臣過河南，河南貧人傷水旱萬餘家，或父子相食，臣謹以便宜，持節發河南倉粟以振貧民。臣請歸節，伏矯制之罪。」師古曰：矯，託也；託言奉制詔而行之也。漢律：矯制者，論棄市罪。上賢而釋之。其在東海，治官理民，好清靜，擇丞、史任之，漢律：太守、都尉、諸侯、內史、史各一人，卒史、書佐各十人。余據漢制，郡守之屬有丞，有諸曹掾史。責大指而已，不苛小。黯多病，臥閨閤內不出；歲餘，東海大治，稱之。上聞，召為主爵都尉，列於九卿。漢太常、郎中令、中大夫令、太僕、大理、大行令、宗正、大司農、少府，為正九卿；中尉、主爵都尉、內史，列於九卿。其治務在無為，引大體，不拘文法。

汲黯為人，性倨少禮，面折，不能容人之過。時天子方招文學儒者，上曰：「吾欲云云。」黯對曰：「陛下內多欲而外施仁義，奈何欲效唐、虞之治乎！」上默然，怒，變色而罷朝，公卿皆為黯懼。上退，謂左右曰：「甚矣汲黯之戇也！」群臣或數黯，黯曰：「天子置公卿輔弼之臣，寧令從諛

承意，陷主於不義乎！且已在其位，縱愛身，奈辱朝廷何！」黯多病，病且滿三月；上常賜告者數，終不愈。最後病，莊助為請告。上曰：「汲黯何如人哉？」助曰：「使黯任職居官，無以踰人；然至其輔少主，守城深堅，招之不來，麾之不去，雖自謂賁、育亦不能奪之矣！」上曰：「然。古有社稷之臣，至如黯，近之矣！」

隗囂使馬援往觀公孫述。援素與述同里閈，相善，援與述皆茂陵人。以為既至，當握手歡如平生；而述盛陳陛衛以延援入，交拜禮畢，使出就館。更為援制都布單衣、交讓冠，會百官於宗廟中，立舊交之位，述鸞旗、旄騎，警蹕就車，磬折而入，禮饗官屬甚盛，欲授援以封侯大將軍位。賓客皆樂留，援曉之曰：「天下雌雄未定，公孫不吐哺走迎國士，周公一飯三吐哺以下天下之士。與圖成敗，反修飾邊幅，如偶人形，此子何足久稽天下士乎！」稽，留也。因辭歸，謂囂曰：「子陽，井底蛙耳，言志識褊狹，如坎井之蛙。而妄自尊大！不如專意東方。」東方，謂雒陽也。

囂乃使援奉書雒陽。援初到，良久，中黃門引入。中黃門，宦者也；屬少府。帝在宣德殿南廡下，但幘，坐，迎笑，謂援曰：「卿遨遊二帝間；今見卿，使人大慚。」援頓首辭謝，因曰：「當今之世，非但君擇臣，臣亦擇君矣！臣與公孫述同縣，少相善；臣前至蜀，述陛戟而後進臣。陛戟，謂衛者持戟俠陛也。臣今遠來，陛下何知非刺客姦人，而簡易若是！」帝復笑曰：「卿非刺客，顧說客耳。」援曰：「天下反覆，盜名字者不可勝數；盜名字，謂僭竊位號，稱帝稱王也。今見陛下恢廓大度，同符高祖，乃知帝王自有真也。

漢光武帝建武五年
（29）

帝使來歙持節送馬援歸隴右。隗囂與援共臥起，問以東方事，曰：「前到朝廷，上引見數十，每接燕語，自夕至旦，才明勇略，非人敵也。且開心見誠，無所隱伏，闊達多大節，略與高帝同；經學博覽，政事文辨，前世無比。」囂曰：「卿謂何如高帝？」援曰：「不如也。高帝無可無不可；今上好吏事，動如節度，又不喜飲酒。」囂意不懌，曰：「如卿言，反復勝邪！」

汝南太守山陽王龔，政崇寬和，好才愛士。以袁閬為功曹，引進郡人黃憲、陳蕃等；憲雖不屈，蕃遂就吏。就辟而為吏也。閬不修異操而致名當時，蕃性氣高明，龔皆禮之，由是群士莫不歸心。

憲世貧賤，父為牛醫。潁川荀淑至慎陽，遇憲於逆旅，逆，迎也，設館舍以迎客，故曰逆旅。時年十四；淑竦然異之，揖與語，移日不能去；移日，言日移晷也。謂憲曰：「子，吾之師表也。」既而前至袁閬所，未及勞問，逆曰：「子國有顏子，寧識之乎？」閬曰：「見吾叔度耶？」黃憲，字叔度。是時同郡戴良，才高倨傲，而見憲未嘗不正容，及歸，罔然若有失也。其母問曰：「汝復從牛醫兒來邪？」對曰：「良不見叔度，自以為無不及；既覩其人，則瞻之在前，忽然在後，《論語》，顏回慕孔子之言。固難得而測矣。」陳蕃及同郡周舉嘗相謂曰：「時月之間，不見黃生，則鄙吝之萌復存乎心矣。」自朔至晦為一月；三月為一時。余謂作事可卑賤者謂之鄙，作事可羞恨者謂之吝。太原郭泰，少遊汝南，先過袁閬，不宿而退；進，往從憲，累日方還。或以問泰，曰：「奉高之器，譬諸汎濫，雖清而易挹。奉高，閬字也。叔度汪汪若千頃陂，澄之不清，淆之不濁，不可量也。」憲初舉孝廉，又辟公府。友人勸其仕，憲亦不拒之，暫到京師，即還，竟無所就，年四十八終。

范曄論曰：黃憲言論風旨，無所傳聞；然士君子見之者靡不服深遠，去玼吝，將以道周性全，無德而稱呼！李賢曰：道周備，性全一，無德而稱，言其德大無能名焉。余曾祖穆侯李賢曰：《晉書》曰：范汪，字玄平，安北將軍，汪生甯，甯生泰，泰生曄。以為：「憲，隤然其處順，李賢曰：《易繫辭》曰：夫坤，隤然示人簡矣。隤，柔順貌。淵乎其似道，李賢曰：《老子》曰：道沖而用之或不盈，淵乎似萬物之宗。言深而不可測也。淺深莫臻其分，清濁未議其方，李賢曰：方，所也。若及門於孔氏，其殆庶乎！」李賢曰：《易繫辭》曰：顏氏之子，其殆庶幾乎！殆，近也。

初，丹陽朱治嘗為孫堅校尉，<small>治從堅討長沙、零、桂賊，表行都尉；又從破董卓於陽人，表行督軍校尉。</small>見袁術政德不立，勸孫策歸取江東。時吳景攻樊能、張英等，歲餘不克。策說術曰：「家有舊恩在東，願助舅討橫江；橫江拔，因投本土召募，可得三萬兵，以佐明使君定天下。」<small>策本江東人，故謂之本土。</small>術知其恨，<small>謂許以九江、廬江而不用也。</small>而以劉繇據曲阿，王朗在會稽，謂策未必能定，乃許之，表策為折衝校尉。將兵千餘人、騎數十匹，行收兵，比至歷陽，眾五六千。時周瑜從父尚為丹陽太守，瑜將兵迎之，仍助以資糧，策大喜，曰：「吾得卿，諧也！」<small>諧，偶也，合也。史言推結分好，正當於此觀之，又當於此別分好二字。英雄相遇於草澤，一見之頃，靡然為之服役，此豈聲音笑貌所能為哉！</small>進攻橫江、當利，皆拔之，樊能、張英敗走。

策渡江轉鬥，所向皆破，莫敢當其鋒者。百姓聞孫郎至，皆失魂魄。長吏委城郭，竄伏山草。<small>山草，言深山茂草之中也。</small>及策至，軍士奉令，不敢虜略，雞犬菜茹，一無所犯，<small>茹，亦菜也。</small>民乃大悅，競以牛酒勞軍。策為人，美姿顏，能笑語，闊達聽受，善於用人，是以士民見者莫不盡心，樂為致死。

策攻劉繇牛渚營，盡得邸閣糧穀、戰具。<small>邸，至也，言所歸至也。閣，庋置也。邸閣，謂轉輸之歸至而庋置之</small>

也。時彭城相薛禮、下邳相丹陽笮融依繇為盟主，禮據秣陵城，融屯縣南，策皆擊破之。又破繇別將於梅陵，轉攻湖孰、江乘，皆下之，進擊繇於曲阿。

繇同郡太史慈時自東萊來省繇。太史，以官為氏。繇與慈皆東萊人也。會策至，或勸繇可以慈為大將。繇曰：「我若用子義，太史慈，字子義。許子將不當笑我邪！」以其覈論人品也。但使慈偵視輕重。偵，候視也。時獨與一騎卒遇策於神亭，策從騎十三，皆堅舊將遼西韓當、零陵黃蓋輩也。慈便前鬥，正與策對，策刺慈馬，而攬得慈項上手戟，慈亦得策兜鍪。會兩家兵騎並各來赴，於是解散。若隆技擊，則慈、策適相當耳。然慈終困於策，何也？

繇與策戰，兵敗，走丹徒。策入曲阿，勞賜將士，發恩布令，告諭諸縣：「其劉繇、笮融等故鄉部曲來降首者，一無所問；樂從軍者，一身行，復除門戶；復，一人以身行，除其門戶賦役也。不樂者不強。」旬日之間，四面雲集，得見兵二萬餘人，馬千餘匹，威震江東。

丙辰，袁術表策行殄寇將軍。策將呂範言於策曰：「今將軍事業日大，士眾日盛，而綱紀猶有不整者，範願暫領都督，佐將軍部分之。」策曰：「子衡既士大夫，呂範，字子衡。加手下已有大眾，立功於外，範先領宛陵令，破丹陽賊而還。豈宜復屈小

職，知軍中細事乎！」範曰：「不然。今捨本土而託將軍者，非為妻子也。呂範，汝南人。欲濟世務也。譬猶同舟涉海，一事不牢，即俱受其敗。此亦範計，非但將軍也。」策笑，無以答。範出，便釋褌，著袴褶，褌，單衣也。褶，袴褶，騎服也。執鞭詣閣下啟事，自稱領都督，策乃授傳，傳，符傳也。委以眾事；由是軍中蕭睦，威禁大行。《老子》曰：盜亦有道；儻無其道，安能為盜哉！

策以張紘為正議校尉，彭城張昭為長史，常令一人居守，一人從征討，及廣陵秦松、陳端等亦參與謀謨。策待昭以師友之禮，文武之事，一以委昭。昭每得北方士大夫書疏，專歸美於昭，策聞之，歡笑曰：「昔管子相齊，一則仲父，二則仲父，而桓公為霸者宗。《新序》曰：有司請吏於齊桓公，公曰：「以告仲父。」有司又請，公曰：「以告仲父。」在側者曰：「一則告仲父，二則告仲父；易哉為君！」公曰：「吾未得仲父則難；已得仲父，曷為其不易！」故王者勞於求賢，佚於得人。今子布賢，我能用之，張昭，字子布。其功名獨不在我乎！」策任張昭，昭何足以當管仲。策之斯言，蓋因北方人士書疏，從而歸重耳。英雄胸次，可易測邪！

曹操十勝
袁紹十敗

漢獻帝建安二年
（197）

　　袁紹與操書，辭語驕慢。操謂荀彧、郭嘉曰：「今將討不義而力不敵，何如？」對曰：「劉、項之不敵，公所知也。漢祖惟智勝項羽，故羽雖強，終為所禽。今紹有十敗，公有十勝，紹雖強，無能為也。紹繁禮多儀，公體任自然，此道勝也。紹以逆動，公奉順以率天下，謂奉天子以率天下，於理為順。此義勝也。桓、靈以來，政失於寬，紹以寬濟寬，故不攝，攝，整也。公糾之以猛，上下知制，此治勝也。紹外寬內忌，用人而疑之，所任唯親戚子弟，公外易簡而內機明，用人無疑，唯才所宜，不間遠近，此度勝也。紹多謀少決，失在後事，公得策輒行，應變無窮，此謀勝也。紹高議揖讓以收名譽，士之好言飾外者多歸之，公以至心待人，不為虛美，士之忠正遠見而有實者皆願為用，此德勝也。紹見人飢寒，恤念之，形於顏色，其所不見，慮或不及，公於目前小事，時有所忽，至於大事，與四海接，恩之所加，皆過其望，雖所不見，慮無不周，此仁勝也。紹大臣爭權，讒言惑亂，公御下以道，浸潤不行，此明勝也。《論語》：浸潤之譖不行焉，可謂明也已矣。言譖人者如水之浸潤以漸而入也。紹是非不可知，公所是進之以禮，所不是正之以法，此文勝也。紹好為虛勢，不知兵要，荀子與臨武君議兵於趙孝成王前，王曰：「請問兵要。」公以少克眾，用兵如神，軍人恃之，敵人

畏之，此武勝也。」操笑曰：「如卿所言，孤何德以堪之！」嘉又曰：「紹方北擊公孫瓚，可因其遠征，東取呂布；若紹為寇，布為之援，此深害也。」或曰：「不先取呂布，河北未易圖也。」紹攻公孫瓚，而操乘間東取呂布。操擊劉備，而紹不能襲許，此其所以敗也。操曰：「然，吾所惑者，又恐紹侵擾關中，西亂羌、胡，南誘蜀漢，是我獨以兗、豫抗天下六分之五也，為將奈何？」或曰：「關中將帥以十數，莫能相一，唯韓遂、馬騰最強，彼見山東方爭，必各擁眾自保，今若撫以恩德，遣使連和，雖不能久安，比公安定山東足，以不動。遂、騰之叛服，卒如荀彧所料。侍中、尚書僕射鍾繇有智謀，若屬以西事，公無憂矣。」操乃表繇以侍中守司隸校尉，持節督關中諸軍，特使不拘科制。繇至長安，移書騰、遂等，為陳禍福。騰、遂各遣子入侍。

諸葛亮治國

魏文帝黃初四年
（223）

漢主病篤，命丞相亮輔太子，以尚書令李嚴為副。漢王謂亮曰：「君才十倍曹丕，必能安國，終定大事。若嗣子可輔，輔之，如其不才，君可自取。」自古託孤之主，無如昭烈之明白洞達者。亮涕泣曰：「臣敢不竭股肱之力，效忠貞之節，繼之以死！」漢主又為詔敕太子曰：「人五十不稱夭，吾年已六十有餘，何所復恨，但以卿兄弟為念耳。勉之，勉之！勿以惡小而為之，勿以善小而不為！惟賢惟德，可以服人。汝父德薄，不足效也。自漢以下，所以詔敕嗣君者，能有此言否？汝與丞相從事，事之如父。」夏，四月，癸巳，漢主殂於永安，年六十三。諡曰昭烈。諡法：昭德有勞曰昭，有功安民曰烈。

丞相亮奉喪還成都，以李嚴為中都護，留鎮永安。

五月，太子禪即位，時年十七。尊皇后曰皇太后，大赦，改元建興。封丞相亮為武鄉侯，領益州牧，政事無巨細，咸決於亮。亮乃約官職，脩法制，以先主、孔明君臣之相得，而約官職脩法制乃行於輔後主之時，此《易》之戒浚恆也。發教與群下曰：「夫參署者，集眾思，廣忠益也。參署，謂所行之事，參其同異，署而行之也。若遠小嫌，難相違覆，曠闕損矣。違，異也；覆，審也。難於違異，難於覆審，則事有曠闕損矣。違覆而得中，猶棄敝蹻而獲珠玉。蹻，屢也，草履也。然人心苦不能盡，惟徐元直處茲不惑。又，董幼

宰參署七年，徐庶，字元直。董和，字幼宰。事有不至，至於十反，來相啟告。此所謂相違覆也。苟能慕元直之十一，幼宰之勤渠，有忠於國，則亮可以少過矣。」又曰：「昔初交州平，亮躬耕隴畝，與崔州平、徐庶等友善。州平，崔烈子，均之弟也。屢聞得失；後交元直，勤見啟誨；前參事於幼宰，每言則盡；後從事於偉度，數有諫止。雖資性鄙暗，不能悉納，然與此四子終始好合，亦足以明其不疑於直言也。」偉度者，亮主簿義陽胡濟也。

亮嘗自校簿書，主簿楊顒直入，諫曰：「為治有體，上下不可相侵。請為明公以作家譬之：今有人，使奴執耕稼，婢典炊爨，雞主司晨，犬主吠盜，牛負重載，馬涉遠路；私業無曠，所求皆足，雍容高枕。飲食而已。忽一旦盡欲以身親其役，不復付任，勞其體力，為此碎務，形疲神困，終無一成。豈其智之不如奴婢雞狗哉？失為家主之法也。是故古人稱：『坐而論道，謂之王公；作而行之，謂之士大夫。』故丙吉不問橫道死人而憂牛喘，丙吉相漢宣帝，嘗出逢清道，群鬭者死傷橫道，吉過之不問。前行逢人逐牛，牛喘吐舌。吉使騎吏問：「逐牛行幾里矣？」掾史謂丞相前後失問。吉曰：「民鬭相殺傷，長安令、京兆尹職也。方春少陽用事，未可大熱，恐牛近行，用暑故喘，此時氣失節，有所傷害。三公調和陰陽，職當憂，是以問之。」掾史乃服，以吉知大體。陳平不肯知錢穀之數，云『自有主

101

者』，彼誠達於位分之體也。今明公為治，乃躬自
校簿書，流汗終日，不亦勞乎！」亮謝之。及顒
卒，亮垂泣三日。

吳丞相北海孫劭卒。初，吳當置丞相，眾議歸張昭，吳王曰：「方今多事，職大者責重，非所以優之也。」及劭卒，百僚復舉昭，吳王曰：「孤豈為子布有愛乎！領丞相事煩，而此公性剛，所言不從，怨咎將興，非所以益之也。」六月，以太常顧雍為丞相、平尚書事。雍為人寡言，舉動時當，吳王嘗歎曰：「顧君不言，言必有中。」至飲宴歡樂之際，左右恐有酒失，而雍必見之，是以不敢肆情。吳王亦曰：「顧公在座，使人不樂。」其見憚如此。初領尚書令，封陽遂鄉侯；拜侯還寺，寺，官舍也。而家人不知，後聞，乃驚。及為相，其所選用文武將吏，各隨能所任，心無適莫。心之所主為適，心之所否為莫。時訪逮民間及政職所宜，輒密以聞，若見納用，則歸之於上；不用，終不宣泄；宣，明也，布也。泄，漏也。吳王以此重之。然於公朝有所陳及，辭色雖順而所執者止；軍國得失，自非面見，口未嘗言。王常令中書郎詣雍有所咨訪，若合雍意，事可施行，即相與反覆究而論之，為設酒食；如不合意，雍即正色改容，默然不言，無所施設。郎退告王，王曰：「顧公歡悅，是事合宜也；其不言者，是事未平也。孤當重思之。」江邊諸將，各欲立功自效，多陳便宜，有所掩襲。王以訪雍。雍曰：「臣聞兵法戒於小利，此等所陳，欲邀功名而為其身，非為國也。

顧雍是大臣典範

魏文帝黃初六年（225）

陛下宜禁制，苟不足以曜威損敵，所不宜聽也。」

王從之。

羊祜歸自江陵，務脩德信以懷吳人。每交兵，刻日方戰，不為掩襲之計。將帥有欲進譎計者，輒飲以醇酒，使不得言。祜出軍行吳境，刈穀為糧，皆計所侵，送絹償之。每會眾江、沔遊獵，常止晉地，若禽獸先為吳人所傷而為晉兵所得者，皆送還之。於是吳邊人皆悅服。成伐吳之計者，祜也，凡其所為，皆豢吳也。正以陸抗對境，無間可乘，故為是耳。若曰務脩德信，則吾不知也。祜與陸抗對境，使命常通：抗遺祜酒，祜飲之不疑；抗疾，求藥於祜，祜以成藥與之，抗即服之。人多諫抗，抗曰：「豈有酖人羊叔子哉！」羊祜，字叔子。抗告其邊戍曰：「彼專為德，我專為暴，是不戰而自服也。各保分界而已，無求細利。」吳主聞二境交和，以詰抗，抗曰：「一邑一鄉不可以無信義，況大國乎！臣不如此，正是彰其德，於祜無傷也。」

吳主用諸將之謀，數侵盜晉邊。陸抗上疏曰：「昔有夏多罪而殷、湯用師，紂作淫虐而周武授鉞，湯數夏之罪曰：有夏多罪，天命殛之。武王數紂之罪曰：淫酗肆虐，穢德彰聞，戎商必克。苟無其時，雖復大聖，亦宜養威自保，不可輕動也。今不務力農富國，審官任能，明黜陟，任刑賞，訓諸司以德，諸司，謂百執事之人有司存者。撫百姓以仁，而聽諸將徇名，窮兵黷武，動費萬計，士卒彫瘁，寇不為衰而我已大病矣。今爭帝王之資而昧十百之利，此人臣

之姦便，非國家之良策也！昔齊、魯三戰，魯人再克，而亡不旋踵。何則？大小之勢異也。況今師所克獲，不補所喪乎！」吳主不從。

是歲，邵陵厲公曹芳卒。初，芳之廢遷金墉也，芳之廢也，築宮於河內重門。今言遷金墉，蓋始廢之時，自禁中遷於金墉，後乃居於河內也。太宰中郎陳留范粲素服拜送，晉既受禪，避景帝諱，採《周官》名置太宰以代太師。魏因漢制，上公惟有太傅。據《粲傳》，自太宰從事中郎遷太宰中郎。時未置太宰，「宰」，當作「傅」。哀動左右；遂稱疾不出，陽狂不言，陽發見於外，陰蔽伏於中。凡人之作事，外為是形而內無其實者，皆陽為之外；若無所營，而內潛經畫，皆陰為之。寢所乘車，足不履地。子孫有婚宦大事，輒密諮焉，合者則色無變，不合則眠寢不安，妻子以此知其旨。子喬等三人並棄學業，絕人事，按《晉書》，喬年二歲，祖馨臨終撫其首曰：「恨不見汝成人！」因以所用硯與之。至五歲，祖母以告喬，喬便執硯涕泣。九歲請學，在同輩之中，言無媟辭。李銓常論揚雄才學優於劉向，喬以為向定一代之書，正群籍之篇，使雄當之，故非所長，遂著《劉揚優劣論》。前後辟舉，皆不就。邑人臘日盜斫其樹，人有告者，喬陽不聞，邑人愧而歸之。喬曰：「卿節日取柴，欲與父母相歡娛耳，何以愧為！」嗚呼！觀喬之學行如此，則棄學業絕人事，殆庶幾乎夷、齊餓於首陽之下之意。侍疾家庭，足不出邑里。及帝即位，詔以二千石祿養病，加賜帛百匹，喬以父疾篤，辭不敢受。粲不言凡三十六年，年八十四，終於所寢之車。自邵陵厲公之廢，至是方二十一年，史因公卒而究言之。

范粲不言

晉武帝泰始十年
（274）

王夫之《讀通鑑論》中曰：魏、晉之際，有貞士曰范粲，較管寧、陶潛而尤烈，而稱道絕於後世。士之湮沒而志不章者，古今不知凡幾也！寧以行誼著，潛以文采傳，粲無他表見，而孤心隱矣。乃其亢志堅忍，則出子者未之逮焉。送魏主芳而哀動左右，三十六年佯狂不言，卒於車中。子喬侍疾，足不出邑里，父子之志行，誠末世之砥柱矣。文采行誼無所表見，志不存焉耳。寧之不若此也，寧未仕漢，而粲已受祿於魏也。潛之不若此也，知晉之將亡而去之，不親見篡奪之慘也。故二子無妨以文行表見，而粲獨不可。難哉其子之賢也！晉賜祿以養疾，賜帛以治喪，而不受。嵇紹聞之，尚為仇讎之子孫捐父母之身，人之賢愚相去有若此哉！粲之所為，難能也；非但難能也，其仁矣乎！

初，范陽祖逖，少有大志，與劉琨俱為司州主簿，同寢，中夜聞雞鳴，蹴琨覺曰：「此非惡聲也！」因起舞。及渡江，左丞相睿以為軍諮祭酒。逖居京口，吳孫權自吳徙丹徒，謂之京城，有京峴山在其東，其城因山為壘，俯臨江津，故曰京口。糾合驍健，繩三合為糾；糾，言合三為一也。言於睿曰：「晉室之亂，非上無道而下怨叛也，由宗室爭權，自相魚肉，遂使戎狄乘隙，毒流中土。今遺民既遭殘賊，人思自奮，大王誠能命將出師，使如逖者統之以復中原，郡國豪傑，必有望風響應者矣！」睿素無北伐之志，以逖為奮威將軍、豫州刺史，給千人廩，布三千匹，給千人糧廩及布三千匹而已。不給鎧仗，使自召募。逖將其部曲百餘家渡江，中流，擊楫而誓曰：「祖逖不能清中原而復濟者，有如大江！」遂屯淮陰，起冶鑄兵，募得二千餘人而後進。

祖逖擊楫渡江

晉愍帝建興元年（313）

陶侃聰敏勤勞

晉明帝太寧三年
（325）

五月，以陶侃為征西大將軍、都督荊、湘、雍、梁四州諸軍事、荊州刺史，荊州士女相慶。侃性聰敏恭勤，終日斂膝危坐，軍府眾事，檢攝無遺，攝，錄也，整也。未嘗少閒。常語人曰：「大禹聖人，乃惜寸陰，禹不貴尺璧而重寸陰。至於眾人，當惜分陰。豈可但逸遊荒醉，生無益於時，死無聞於後，是自棄也！」諸參佐或以談戲廢事者，命取其酒器、蒲博之具，悉投之於江，將吏則加鞭扑，曰：「樗蒲者，牧豬奴戲耳！晉人多好樗蒲，以五木擲之，其采有黑犢，有雉，有盧；得盧者勝。老、莊浮華，非先王之法言，不益實用。君子當正其威儀，何有蓬頭、跣足，自謂宏達邪！」有奉饋者，必問其所由，若力作所致，雖微必喜，慰賜參倍；若非理得之，則切厲訶辱，還其所饋。嘗出遊，見人持一把未熟稻，侃問：「用此何為？」人云：「行道所見，聊取之耳。」侃大怒曰：「汝既不佃，而戲賊人稻！」佃，治田也。執而鞭之。是以百姓勤於農作，家給人足。嘗造船，其木屑竹頭，侃皆令籍而掌之，皆令籍記而典掌之。人咸不解所以。解，曉也。以，猶用也。後正會，積雪始晴，聽事前餘雪猶濕，乃以木屑布地。及桓溫伐蜀，又以侃所貯竹頭作丁裝船。其綜理微密，皆此類也。

二月，乙丑，桓溫統步騎四萬發江陵；水軍自襄陽入均口，至南鄉；步兵自淅川趣武關；桓溫別將攻上洛，獲秦荊州刺史郭敬；進擊青泥，破之。司馬勳掠秦西鄙，涼秦州刺史王擢攻陳倉以應溫。秦主健遣太子萇，丞相雄、淮南王生、平昌王菁、北平王碩帥眾五萬軍於嶢柳以拒溫。夏，四月，己亥，溫與秦兵戰於藍田。秦淮南王生單騎突陳，出入以十數，殺傷晉將士甚眾。溫督眾力戰，秦兵大敗；將軍桓沖又敗秦丞相雄於白鹿原。沖，溫之弟也。溫轉戰而前，壬寅，進至灞上。秦太子萇等退屯城南，秦主健與老弱六千固守長安小城，悉發精兵三萬，遣大司馬雷弱兒等與萇合兵以拒溫。三輔郡縣皆來降。溫撫諭居民，使安堵復業。民爭持牛酒迎勞，男女夾路觀之，耆老有垂泣者，曰：「不圖今日復觀官軍！」

北海王猛，少好學，倜儻有大志，不屑細務，人皆輕之。猛悠然自得，隱居華陰。《王猛傳》：猛，北海劇人，家於魏郡，徐統召而不應，遂隱於華陰山。華陰縣，前漢屬京兆，後漢、晉屬弘農郡。聞桓溫入關，披褐詣之，捫蝨而談當世之務，旁若無人。溫異之，問曰：「吾奉天子之命，將銳兵十萬為百姓除殘賊，而三秦豪傑未有至者，何也？」猛曰：「公不遠數千里，深入敵境，今長安咫尺而不渡灞水，百

姓未知公心，所以不至。」溫嘿然無以應，徐曰：
「江東無卿比也！」猛蓋指出溫之心事，以為溫之伐秦，但
欲以功名鎮服江東，非真有心於伐罪弔民，恢復境土；不然，何
以不渡灞水，徑攻長安？此溫所以無以應也。然余觀桓溫用兵，
伐秦至灞上，伐燕至枋頭，皆乘勝進兵，逼其國都，乃持重觀
望，卒以取敗。蓋溫，姦雄也，乘勝進兵，逼其國都，冀其望風
畏威，有內潰之變也。逼其國都而敵無內變，故持重以待之；情
見勢屈，敵因而乘之，故至於敗。蘇子由所謂以智遇智，則其智
不足恃者此也。乃署猛軍謀祭酒。

　　溫與秦丞相雄等戰於白鹿原，溫兵不利，死
者萬餘人。初，溫指秦麥以為糧，既而秦人悉芟
麥，清野以待之，溫軍乏食。六月，丁丑，徙關
中三千餘戶而歸。以王猛為高官督護，職為督護，而
加之以高官也。魏、晉之間，凡居節鎮者，其部將有督護，其後
又置高官督護。欲與俱還，猛辭不就。猛不肯從溫，溫豈
不欲殺之邪！蓋溫軍已敗，匆匆退師，不暇殺之也。

以撫軍將軍江夏王義恭為都督荊、湘等八州諸軍事、荊州刺史，以侍中劉湛為南蠻校尉，行府州事。帝與義恭書，誡之曰：「天下艱難，家國事重，雖曰守成，實亦未易。隆替安危，在吾曹耳，豈可不感尋王業，大懼負荷！感念致王業之艱難而尋繹為治之理也。《傳》曰：其父析薪，其子不克負荷。

汝性褊急，志之所滯，其欲必行；滯，疑也，積也。意所不存，從物回改；此最弊事，宜念裁抑。衛青遇士大夫以禮，與小人有恩；西門、安于，矯性齊美；西門豹性剛急，常佩韋以自緩。董安于性寬緩，常佩弦以自警。關羽、張飛，任偏同弊；事見六十九卷魏文帝黃初二年。行己舉事，深宜鑑此！

若事異今日，嗣子幼蒙，司徒當周公之事，汝不可不盡祇順之理。爾時天下安危，決汝二人耳。

汝一月自用錢不可過三十萬，若能省此，益美。西楚府舍，略所諳究，計當不須改作，日求新異。江左謂荊州為西楚。凡訊獄多決當時，難可逆慮，此實為難；至訊日，虛懷博盡，慎無以喜怒加入。能擇善者而從之，美自歸己；不可專意自決，以矜獨斷之明也！

名器深宜慎惜，不可妄以假人；昵近爵賜，尤應裁量。吾於左右雖為少恩，如聞外論不以為非也。

以貴凌物，物不服；以威加人，人不厭；此易

113

達事耳。

聲樂嬉遊，不宜令過；蒲酒漁獵，一切勿為。蒲，樗蒲也。供用奉身，皆有節度，奇服異器，不宜興長。

又宜數引見佐史。「佐史」當作「佐吏」，晉、宋之間，藩府率謂參佐為佐吏。相見不數，則彼我不親；不親，無因得盡人情；人情不盡，復何由知眾事也！」詳觀宋文帝此書，則江左之治稱元嘉，良有以也。

魏丞相宇文泰以軍旅未息，吏民勞弊，命所司斟酌古今可以便時適治者，為二十四條新制，奏行之。

泰用武功蘇綽為行臺郎中，居歲餘，泰未之知也，而臺中皆稱其能，有疑事皆就決之。<small>就蘇綽以決疑也。此就，即《孟子》「欲有謀焉則就之」之就。</small>泰與僕射周惠達論事，惠達不能對，請出議之。出，以告綽，綽為之區處，惠達入白之，泰稱善，曰：「誰與卿為此議者？」惠達以綽對，且稱綽有王佐之才，泰乃擢綽為著作郎。泰與公卿如昆明池觀漁，行至漢故倉池，<small>《蘇綽傳》云：行至長安城西漢故倉池。</small>顧問左右，莫有知者。泰召綽問之，具以狀對。泰悅，因問天地造化之始，歷代興亡之迹，綽應對如流。泰與綽並馬徐行，至池，竟不設網罟而還。<small>意在問綽，不在觀漁。</small>遂留綽至夜，問以政事，臥而聽之；綽指陳為治之要，泰起，整衣危坐，不覺膝之前席，<small>初臥而聽，繼起而整衣危坐，又不覺膝之前席。</small>蓋綽之言深有以當泰心，久而愈敬也。語遂達曙不厭。<small>天曉為曙。</small>詰朝，謂周惠達曰：「蘇綽真奇士，吾方任之以政。」即拜大行臺左丞，參與機密，自是寵遇日隆。綽始制文案程式朱出、墨入及計帳、戶籍之法。<small>計帳者，具來歲課役之大數，以報度支。戶籍者，戶口之籍。</small>後人多遵用之。<small>世有有為之主，必有能者出為之用；若謂天下無才，吾不信也。</small>

宇文泰用蘇綽

梁武帝大同元年（535）

115

周武帝父子

陳宣帝太建八年
（576）

周主遇太子甚嚴，每朝見，進止與群臣無異，雖隆寒盛暑，不得休息；以其耆酒，禁酒不得至東宮；有過，輒加捶撻。嘗謂之曰：「古來太子被廢者幾人？餘兒豈不堪立邪！」乃敕東宮官屬錄太子言語動作，每月奏聞。太子畏帝威嚴，矯情脩飾，由是過惡不上聞。

王軌嘗與小內史賀若弼言：「太子必不克負荷。」弼深以為然，勸軌陳之。軌後因侍坐，言於帝曰：「皇太子仁孝無聞，恐不了陛下家事。愚臣短暗，不足可信。陛下恆以賀若弼有文武奇才，亦常以此為憂。」帝以問弼，對曰：「皇太子養德春宮，太子居東宮，東方主春，故亦曰春宮。未聞有過。」既退，軌讓弼曰：「平生言論，無所不道，今者對揚，對揚，本於傅說、召虎。對，答也；揚，稱也；後人遂以面對敷奏為對揚。何得乃爾反覆？」爾，如此也。弼曰：「此公之過也。太子，國之儲副，豈易發言！事有蹉跌，便至滅族。本謂公密陳臧否，何得遂至昌言！」昌，顯也。昌言，顯言也。軌默然久之，乃曰：「吾專心國家，遂不存私計。向者對眾，良實非宜。」

後軌因內宴內宴，宴於宮中也。上壽，捋帝鬚曰：「可愛好老公，但恨後嗣弱耳。」先是，帝問右宮伯宇文孝伯曰：「吾兒比來何如？」對曰：「太子比懼天威，更無過失。」罷酒，帝責孝伯曰：「公

常語我云：『太子無過。』今軌有此言，公為誑矣。」孝伯再拜曰：「父子之際，人所難言。臣知陛下不能割慈忍愛，遂爾結舌。」孝伯此言，亦不可謂之不忠切也。帝知其意，默然久之，乃曰：「朕已委公矣，公其勉之！」

王軌驟言於帝曰：「皇太子非社稷主。普六茹堅貌有反相。」不從容而言之為驟言。帝不悅，曰：「必天命有在，將若之何！」楊堅聞之，甚懼，深自晦匿。

帝深以軌等言為然，為太子得位殺軌等張本。但漢王贊次長，又不才，餘子皆幼，故得不廢。史言周武帝明於知子而不廢太子之由。

唐太宗與長孫皇后

唐太宗貞觀六年
（632）

長樂公主將出降，《唐會要》：長樂公主下嫁長孫沖。上以公主，皇后所生，特愛之，敕有司資送倍於永嘉長公主。永嘉長公主，高祖女，下嫁竇奉節，又嫁賀蘭僧伽。魏徵諫曰：「昔漢明帝欲封皇子，曰：『我子豈得與先帝子比！』皆令半楚、淮陽。今資送公主，倍於長主，得無異於明帝之意乎！」上然其言，入告皇后。后歎曰：「妾亟聞陛下稱重魏徵，不知其故，今觀其引禮義以抑人主之情，乃知真社稷之臣也！妾與陛下結髮為夫婦，曲承恩禮，每言必先候顏色，不敢輕犯威嚴；況以人臣之疏遠，乃能抗言如是，陛下不可不從。」因請遣中使齎錢四百緡、絹四百匹以賜徵，且語之曰：「聞公正直，乃今見之，故以相賞。公宜常秉此心，勿轉移也。」上嘗罷朝，怒曰：「會須殺此田舍翁。」后問為誰，上曰：「魏徵每廷辱我。」后退，具朝服立於庭，唐制，皇后之服，褘衣者，受冊、助祭、朝會大事之服也。深青織成，為之畫翬，赤質、五色、十二等，素紗中單，黼領，朱羅縠褾襈，蔽膝隨裳色，以緅領為緣，用翟為章三等，青衣革帶，大帶隨衣色，褘紐約佩，綬如天子，青襪，舄加金飾，首飾大小華十二樹，以象袞冕之旒，又有兩博鬢。上驚問其故。后曰：「妾聞主明臣直；今魏徵直，由陛下之明故也，妾敢不賀！」上乃悅。

正月，戊寅，內史武三思罷為特進、太子少保。天官侍郎、同平章事吉頊貶安固尉。

太后以頊有幹略，故委以腹心。頊與武懿宗爭趙州之功於太后前。頊魁岸辯口，懿宗短小傴僂，頊視懿宗，聲氣陵厲。太后由是不悅，曰：「頊在朕前，猶卑我諸武，況異時詎可倚邪！」他日，頊奏事，方援古引今，太后怒曰：「卿所言，朕飫聞之，無多言！太宗有馬名師子驄，肥逸無能調馭者。朕為宮女侍側，言於太宗曰：『妾能制之，然須三物，一鐵鞭，二鐵檛，三匕首。鐵鞭擊之不服，則以檛檛其首，又不服，則以匕首斷其喉。』太宗壯朕之志。今日卿豈足污朕匕首邪！」頊惶懼流汗，拜伏求生，乃止。諸武怨其附太子，共發其弟冒官事，由是坐貶。

辭日，得召見，涕泣言曰：「臣今遠離闕庭，永無再見之期，願陳一言。」太后命之坐，問之，頊曰：「合水土為泥，有爭乎？」太后曰：「無之。」又曰：「分半為佛，半為天尊，有爭乎？」曰：「有爭矣。」頊頓首曰：「宗室、外戚各當其分，則天下安。今太子已立而外戚猶為王，此陛下驅之使他日必爭，兩不得安也。」太后曰：「朕亦知之。然業已如是，不可何如。」觀太后使二子與諸武立誓，則誠知勢有所必至而出此下策耳。

救時之相
與伴食之相

唐玄宗開元三年
（715）

春，正月，癸卯，以盧懷慎檢校吏部尚書兼黃門監。懷慎清謹儉素，不營資產，雖貴為卿相，所得俸賜，隨散親舊，妻子不免飢寒，所居不蔽風雨。

姚崇嘗有子喪，謁告十餘日，政事委積，懷慎不能決，惶恐，入謝於上。上曰：「朕以天下事委姚崇，以卿坐鎮雅俗耳。」崇既出，須臾，裁決俱盡，頗有得色，顧謂紫微舍人齊澣曰：「余為相，可比何人？」澣未對。崇曰：「何如管、晏？」澣曰：「管、晏之法雖不能施於後，猶能沒身。公所為法，隨復更之，似不及也。」觀姚崇之所以問，齊澣之所以對，皆揣己以方人，欲不失其實。今之好議論者，當大臣得權之時，則譽之為伊、傅、周、召；為大臣者安受之而不愧。失權之後，則詆之為王莽、董卓、李林甫、楊國忠，為大臣者亦受之而不得以自明，則今日之諛我者，乃他日之毀我者也。崇曰：「然則竟如何？」澣曰：「公可謂救時之相耳。」崇喜，投筆曰：「救時之相，豈易得乎！」

懷慎與崇同為相，自以才不及崇，每事推之，時人謂之「伴食宰相」。

王夫之《讀通鑑論》中曰：唐多才臣，而清貞者不少概見，貞觀雖稱多士，未有與焉。其後如陸贄、杜黃裳、裴度，立言立功，赫奕垂於沒世，而寧靜淡泊，固非其志行之所及也。唯開元之世，以

清貞位宰相者三：宋璟清而勁，盧懷慎清而慎，張
九齡清而和，遠聲色，絕貨利，卓然立於有唐三百
餘年之中，而朝廷乃知有廉恥，天下乃藉以乂安。
開元之盛，漢、宋莫及焉。不然，則議論雖聖，法
制雖詳，而永徽以後，奢淫貪縱之風，不能革也。

　抑大臣而以清節著聞者，類多刻覈而難乎其下，
掣曳才臣以不得有為，亦非國民之利也。漢、宋之
世，多有之矣，孤清而不足以容物，執競而不足以
集事，其於才臣，如水火之相息，而密集屯結之
不能雨也。乃三子之清，又異於是，勁者自強，慎
者自持，和者不流，而固不爭也。故璟與姚崇操行
異而體國同；懷慎益不欲以孤介自旌，而礙崇之設
施；九齡超然於毀譽之外，與李林甫偕而不自失，
終不與競也。唯然，而才臣不以己為嫌，己必不替
才臣以自矜其素履，故其清也，異於漢、宋狷急之
流，置國計民生於度外，而但爭涇渭於苞苴竿牘之
間也。嗚呼！偉矣！楊震也，包拯也，魯宗道也，
軒輗、海瑞也，使處姚崇、張說、源乾曜、裴耀卿
之間，能勿金躍於冶、冰結於胸否邪？治無與裏，
功無與立，徒激朋黨以啟人主之厭憎，又何賴焉？

　夫三子之能清而不激，以永保其身、廣益於國
者，抑有道矣。士之始進也，自非狠鄙性成、樂附
腥羶者，則一時名之所歸，望之所集，爭託其門庭
以自處於清流之選，其志皆若可嘉，其氣皆若可用

也。而懷清之大臣，遂欣受之以為臭味，於是乎和平之度未損於中，而激揚之情遂移於眾，競相獎而交相持，則雖有邊圉安危之大計，黎民生死之遠圖，宗社興衰之永慮，皆不勝其激昂之眾志，而但分流品為畛域，以概為廢置。夫豈抱清貞者始念之若斯哉？唱和迭增，勢已成而弗能挽也。於是而知三子者之器量遠矣，其身不辱，其志不歉，昭昭然揭日月而行者，但以率其固然之儉德，而不以此歆召天下，奉名節為標榜，士固無得而附焉。不矜也，亦不黨也，不黨則不爭矣。

嗚呼！士起田間，食淡衣粗，固其所素然矣。若其為世祿之子，則抑有舊德之可食，而無交謫之憂；讀先聖之書，登四民之上，則不屑以身心陷錐刀羶薉之中，豈其為特行哉？無損於物，而固無所益，亦惡足以傲岸予雄而建鼓以求清流之譽聞乎？天下之事，自與天下共之，智者資其謀，勇者資其斷，藝者資其材，彼不可驕我以多才，我亦不可驕彼以獨行，上效於君，下逮於物，持其正而不屬，致其慎而不浮，養其和而不戾，天下乃賴有清貞之大臣，磽磽者又何賴焉？故君子秉素志以立朝，學三子焉斯可矣。有伯夷之廉，而驕且吝，亦人道之憂也。

　　唐玄宗晚年自恃承平，以為天下無復可憂，遂深居禁中，專以聲色自娛，悉委政事於林甫。林甫媚事左右，迎合上意，以固其寵；杜絕言路，掩蔽聰明，以成其姦；妒賢疾能，排抑勝己，以保其位；屢起大獄，誅逐貴臣，以張其勢。自皇太子以下，畏之側足。凡在相位十九年，<small>開元二十二年始相林甫，至是年凡十九年。</small>養成天下之亂，而上不之寤也。

　　庚申，以楊國忠為右相，兼文部尚書，<small>右相，即中書令；文部，即吏部。</small>其判使並如故。<small>判，如判度支之類。</small>

　　國忠為人強辯而輕躁，無威儀。既為相，以天下為己任，裁決機務，果敢不疑；居朝廷，攘袂扼腕，公卿以下，頤指氣使，莫不震慴。自侍御史至為相，<small>楊國忠兼侍御史，在六載、七載之間。</small>凡領四十餘使。<small>楊國忠為度支郎，領五十餘使，至宰相，凡領四十餘使，新、舊《唐史》皆不詳載其職。按其拜相制前銜云：御史大夫、判度支、權知太府卿事，兼蜀郡長史、劍南節度、支度、營田等副大使、本道兼山南西道采訪處置使、兩京太府、司農、出納、監倉、祀祭、木炭、宮市、長春、九成宮等使、關內道及京畿采訪處置使，拜右相，兼吏部尚書、集賢殿、崇玄館學士、脩國史、太清、太微宮使；自餘所領，又有管當租庸、鑄錢等使。以是觀之，概可見。</small>臺省官有才行時名，不為己用者，皆出之。

　　或勸陝郡進士張彖謁國忠曰：「見之，富貴立可

圖。」象曰：「君輩倚楊右相如泰山，吾以為冰山耳！若皎日既出，君輩得無失所恃乎！」遂隱居嵩山。

李泌獻奇計

唐肅宗問李泌曰：「今敵強如此，何時可定？」對曰：「臣觀賊所獲子女金帛，皆輸之范陽，此豈有雄據四海之志邪！今獨虜將或為之用，中國之人惟高尚等數人，自餘皆脅從耳。以臣料之，不過二年，天下無寇矣。」上曰：「何故？」對曰：「賊之驍將，不過史思明、安守忠、田乾真、張忠志、阿史那承慶等數人而已。今若令李光弼自太原出井陘，郭子儀自馮翊入河東，則思明、忠志不敢離范陽、常山，守忠、乾真不敢離長安，是以兩軍繫其四將也，從祿山者，獨承慶耳。願敕子儀勿取華陰，使兩京之道常通，陛下以所徵之兵軍於扶風，與子儀、光弼互出擊之，彼救首則擊其尾，救尾則擊其首，使賊往來數千里，疲於奔命，我常以逸待勞，賊至則避其鋒，去則乘其弊，不攻城，不遏路。來春復命建寧為范陽節度大使，並塞北出，與光弼南北掎角以取范陽，泌欲使建寧自靈、夏並豐、勝、雲、朔之塞，直擣媯、檀，攻范陽之北；光弼自太原取恆、定，以攻范陽之南。覆其巢穴。賊退則無所歸，留則不獲安，然後大軍四合而攻之，必成擒矣。」使肅宗用泌策，史思明豈能再為關、洛之患乎！上悅。

唐肅宗至德二載
（757）

上至鳳翔旬日，隴右、河西、安西、西域之兵皆會，江、淮庸調亦至洋川、漢中。江、淮庸、調，泝漢而上梁、洋。上自散關通表成都，信使駱驛。往來不絕曰駱驛。長安人聞車駕至，從賊中自拔而來者日夜不絕。西師憩息既定，李泌請遣安西及西域之眾，如前策並塞東北，自歸、檀南取范陽。上曰：「今大眾已集，庸調亦至，當乘兵鋒擣其腹心，而更引兵東北數千里，先取范陽，不亦迂乎？」對曰：「今以此眾直取兩京，必得之。然賊必再強，我必又困，非久安之策。」上曰：「何也？」對曰：「今所恃者，皆西北守塞及諸胡之兵，性耐寒而畏暑，若乘其新至之銳，攻祿山已老之師，其勢必克。兩京春氣已深，賊收其餘眾，遁歸巢穴，關東地熱，官軍必困而思歸，不可留也。賊休兵秣馬，伺官軍之去，必復南來，然則征戰之勢未有涯也。後果如泌所料。不若先用之於寒鄉，除其巢穴，則賊無所歸，根本永絕矣。」上曰：「朕切於晨昏之戀，言急於復兩京，迎上皇。不能待此決矣。」言絕不能從泌之策也。

贈故常山太守顏杲卿太子太保，諡曰忠節，以其子威明為太僕丞。杲卿之死也，楊國忠用張通幽之譖，竟無褒贈。上在鳳翔，顏真卿為御史大夫，泣訴於上，上乃出通幽為普安太守，具奏其狀於上皇，上皇杖殺通幽。杲卿子泉明為王承業所留，因寓居壽陽，為史思明所虜，去年史思明攻太原，因虜泉明。裹以牛革，送於范陽，會安慶緒初立，有赦，得免。思明降，乃得歸，求其父尸於東京，得之，遂併袁履謙尸棺斂以歸。杲卿姊、妹、女及泉明之子皆流落河北；真卿時為蒲州刺史，使泉明往求之，泉明號泣求訪，哀感路人，久乃得之。泉明詣親故乞索，隨所得多少贖之，先姑、姊、妹而後其子。姑女為賊所掠，泉明有錢二百緡，欲贖己女，閔其姑愁悴，先贖姑女；比更得錢，比，及也。求其女，已失所在。遇群從姊、妹及父時將吏袁履謙等妻子流落者，皆與之歸，凡五十餘家，三百餘口，均減資糧，資糧則均分之，其或有不足，則減常數而均之。一如親戚。至蒲州，真卿悉加贍給，久之，隨其所適而資送之。袁履謙妻疑履謙衣衾儉薄，發棺視之，與杲卿無異，乃始慚服。顏杲卿之忠節固照映千古，而其子之孝義亦非人所及也。

李景讓母子

唐武宗會昌六年
（846）

唐武宗以右常侍李景讓為浙西觀察使。

初，景讓母鄭氏，性嚴明，早寡，家貧，居於東都。諸子皆幼，母自教之。宅後古牆因雨隤陷，隤，下墜也。得錢盈船，奴婢喜，走告母；母往，焚香祝之曰：「吾聞無勞而獲，身之災也。天必以先君餘慶，矜其貧而賜之，則願諸孤他日學問有成，乃其志也，此不敢取！」遽命掩而築之。三子景讓、景溫、景莊，皆舉進士及第。景讓官達，髮已斑白，小有過，不免捶楚。

景讓在浙西，有左都押牙迕景讓意，景讓杖之而斃。軍中憤怒，將為變。母聞之，景讓方視事，母出坐聽事，立景讓於庭而責之曰：「天子付汝以方面，國家刑法，豈得以為汝喜怒之資，妄殺無罪之人乎！萬一致一方不寧，豈惟上負朝廷，使垂年之母銜羞入地，垂，末垂也；垂年，猶言末垂之年。何以見汝之先人乎！」命左右褫其衣坐之，將撻其背。將佐皆為之請。拜且泣，久乃釋之，軍中由是遂安。

景莊老於場屋，唐人謂貢院為場屋，至今猶然。每被黜，母輒撻景讓。然景讓終不肯屬主司，主司，校文主司也，禮部侍郎知貢舉者是也。曰：「朝廷取士自有公道，豈敢效人求關節乎！」久之，宰相謂主司曰：「李景莊今歲不可不收，可憐彼翁每歲受撻！」由是始及第。

壬戌，梁王更名晃。薛《史》曰：「時將受禪，下教以本名二字異帝王之稱，故改名。王兄全昱聞王將即帝位，謂王曰：「朱三，爾可作天子乎！」

甲子，張文蔚、楊涉乘輅自上源驛從冊寶，諸司各備儀衛鹵簿前導，百官從其後，此唐之百官。至金祥殿前陳之。王被袞冕，即皇帝位。張文蔚、蘇循奉冊升殿進讀，楊涉、張策、薛貽矩、趙光逢以次奉寶升殿，讀已，已者，畢也。降，帥百官舞蹈稱賀。帝遂與文蔚等宴於玄德殿。帝舉酒曰：「朕輔政未久，此皆諸公推戴之力。」文蔚等慚懼，俯伏不能對，獨蘇循、薛貽矩及刑部尚書張禕盛稱帝功德宜應天順人。

帝復與宗戚飲博於宮中，宗，同姓也；戚，異姓之親也。酒酣，朱全昱忽以投瓊擊盆中迸散，鮑宏《博經》曰：《楚辭》琨蔽象棋有六博。琨蔽，玉箸也，各投六箸，行六棊，故云六博。用十二棊，六棊白，六棊黑，所擲頭謂之瓊。瓊有五采，刻為一畫者謂之塞，刻為兩畫者謂之白，刻為三畫者謂之黑。不刻者，五塞之間，謂之五塞。據歐《史》，此所謂投瓊，即骰子也。睨帝曰：「朱三，汝本碭山一民也，從黃巢為盜，天子用汝為四鎮節度使，富貴極矣，奈何一旦滅唐家三百年社稷，唐武德元年受禪，歲在著雍攝提格，禪位於梁，歲在彊圉單閼，享國二百九十年。自稱帝王！行當族滅，奚以博為！」帝不懌而罷。

統一的曙光

後周世宗顯德二年
（959）

世宗謂宰相曰：「朕每思致治之方，未得其要，寢食不忘。又自唐、晉以來，吳、蜀、幽、并皆阻聲教，未能混壹，吳，李氏；蜀，孟氏；幽入於契丹；并為北漢。宜命近臣著《為君難為臣不易論》及《開邊策》各一篇，朕將覽焉。」

比部郎中王朴獻策，以為：「中國之失吳、蜀、幽、并，皆由失道。梁失吳；後唐得蜀而復失之；晉失幽；周失并。今必先觀所以失之之原；然後知所以取之之術。其始失之也，莫不以君暗臣邪，兵驕民困，姦黨內熾，武夫外橫，因小致大，積微成著。今欲取之，莫若反其所為而已。夫進賢退不肖，所以收其才也；恩隱誠信，所以結其心也；隱，䁆也。賞功罰罪，所以盡其力也；去奢節用，所以豐其財也；時使薄斂，所以阜其民也。時使者，使之以時也。俟群才既集，政事既治，財用既充，士民既附，然後舉而用之，功無不成矣！彼之人觀我有必取之勢，則知其情狀者願為間諜，知其山川者願為鄉導，民心既歸，天意必從矣。

凡攻取之道，必先其易者。唐與吾接境幾二千里，其勢易擾也。唐與中國以淮為境，自淮源東至海幾二千里。擾之當以無備之處為始，備東則擾西，備西則擾東，彼必奔走而救之。奔走之間，可以知其虛實強弱，然後遠實擊虛，避強擊弱。未須大舉，且以輕兵擾之。南人懦怯，聞小有警，必悉師以

救之。師數動則民疲而財竭，不悉師則我可以乘虛取之。如此，江北諸州將悉為我有。帝之取江北，王朴之計也。既得江北，則用彼之民，行我之法，江南亦易取也。得江南則嶺南、巴蜀可傳檄而定。時劉氏據嶺南，孟氏據巴蜀，王朴欲乘勝勢以先聲下之。南方既定，則燕地必望風內附，時契丹跨有燕地。若其不至，移兵攻之，席卷可平矣。凡兵之動，知敵之主，此以其時契丹主言之也。惟河東必死之寇，言北漢據河東，與周為世仇也。不可以恩信誘，當以強兵制之，然彼自高平之敗，力竭氣沮，必未能為邊患，宜且以為後圖，俟天下既平，然後伺間，一舉可擒也。是後世宗用兵以至宋朝削平諸國，皆如王朴之言；惟幽燕不可得而取，至於宣和，則舉國以殉之矣。今士卒精練，甲兵有備，群下畏法，諸將效力，期年之後可以出師，宜自夏秋蓄積實邊矣。」蓄積於邊上以為用兵之備。

上欣然納之。時群臣多守常偷安，所對少有可取者，惟朴神峻氣勁，有謀能斷，凡所規畫，皆稱上意，上由是重其氣識，未幾，遷左諫議大夫，知開封府事。開封在輦轂下，事繁職重。史言世宗屬任王朴自此而重。然朴先事上於潛藩，其君臣相得亦有素矣。　　■

這本書的譜系：
北宋以後的「通鑑體」史書
Related Reading

文：馬孟龍

《通鑑外紀》

作者：唐甄　　作者：劉恕　朝代：北宋

劉恕在編撰《資治通鑑》時，有感於《通鑑》不記周威烈王以前及宋初事跡，故立志獨立編寫《通鑑》的前紀和後紀。劉恕開始編寫工作不久，即身染重病，癱臥在家。後由劉恕口授，其子劉仲羲代筆寫定前紀，最終定名為《通鑑外紀》，後紀則未寫成。《外紀》共十卷，分為《包犧以來紀》一卷、《夏商記》一卷、《周紀》八卷。劉恕另外還編有目錄五卷，年經事緯，上列朔閏天象，下列《外紀》之卷數，體例乃完全模仿《通鑑目錄》。《通鑑外紀》是《通鑑》問世後，第一部以「通鑑體」續寫《通鑑》的史書，對後世影響極大。

《通鑑前編》

作者：金履祥　　朝代：南宋

金履祥不滿《通鑑外紀》雜取百家之說，而不本於《經》、《傳》，故重新撰寫《通鑑》前紀。其所作前紀上迄唐堯，下接《通鑑》，史料來源以《尚書》、《詩經》、《周禮》、《春秋》為主，兼取舊史、諸子。表年繫事，復加訓釋。其書於宋理宗景定五年完成，定名為《通鑑前編》。《通鑑前編》是南宋儒學興盛的產物，由於該書主要取材《經》、《傳》，其史料價值和影響反不及《通鑑外紀》，但對了解《通鑑》以前史事猶有一定參考意義。

《續資治通鑑長編》

作者：李燾　　朝代：南宋

李燾自幼喜讀史書，因見《通鑑》記事止於五代後周，故編撰北宋九朝史事以續《通鑑》。李燾續寫北宋史事完全遵照《通鑑》體例，以年月日為叢目，再編寫長編。在編寫長編時，則尊重《通鑑》編撰官范祖禹「寧失於繁，勿失於略」的原則，廣泛徵引實錄、國史會要、時政記、寶訓、家乘、墓誌銘、文集、行狀等官私材料，同時還作有考異，對材料的真偽、出處、異同進行說明。全書編寫歷經四十餘年，共五百二十卷。《續資治通鑑長編》保存了大量北宋原始史料，既可考訂《宋史》及現存宋人文集、筆記傳寫之誤，又可從中輯存佚文、佚書。此書是當今研究北宋史的第一手材料，為後續「通鑑體」史書的佼佼者。

《建炎以來繫年要錄》

作者：李心傳　　朝代：南宋

南宋學者李心傳為記錄建炎元年至紹興三十二年之間的史事，效仿《通鑑》體例，以繫年的方式來編排這段歷史。李心傳在編撰《建炎以來繫年要錄》的過程中，廣泛徵引各類官私文獻，其中書名可考者即達兩百餘種。在史料編排上，李心傳對各種資料進行考辨，去偽存真，對於記載相異而又不能明斷真偽者，則兩說並存。全書共二百卷，文字流暢簡明，既是一部重要的歷史文獻，同時也是一部優秀的史學作品，在後世受到史家普遍稱讚。

《宋元資治通鑑》

作者：薛應旂　　朝代：明

明代中期，《續資治通鑑長編》和《建炎以來繫年要錄》兩書已不流行，故時人有重新續寫《通鑑》的需要。南直隸武進人薛應旂於是編寫了記錄宋元史事的「通鑑體」史書——《宋元資治通鑑》。全書一百五十七卷，記錄了宋太祖至元順帝之間四百八十年史事，而不書遼、金二朝歷史。該書的編撰主要以前人商輅的《通鑑綱目續編》為藍本，而補之以其他史書。全書內容極為簡略，所記典章制度多有謬誤，史事編年也無條理，元代史事錯誤尤多。不但史料價值極低，可讀性也較差，對後世影響十分有限。

《資治通鑑後編》

作者：徐乾學　　朝代：清

明代出現的幾部「通鑑體」史書編撰水平普遍不高，清初學者徐乾學決心重新續修《通鑑》。他利用在北京編修《大清一統志》的機會，邀請同事萬斯同、閻若璩、胡渭等參與編寫《通鑑》續書。書成後定名《資治通鑑後編》，共一百八十四卷，記宋太祖至元順帝之間史事，廣泛徵引宋元各類史籍，尤其是宋元方志，再加上閻、胡二人為地理考據大家，故該書所記與地之事尤為精審。編修體例上徐乾學嚴格取法《通鑑》，不僅作有考異，還模仿《通鑑》「臣光曰」作「乾學曰」評議史事。由於許多知名學者參與編修，故該書質量較高。徐乾學編寫此書時，無法看到一些重要的宋元史籍，故所記宋元史事尚顯簡略，後人常引以為憾。

《續資治通鑑》

作者：畢沅　　朝代：清

乾隆時期學者畢沅認為《資治通鑑後編》尚不完備，故以《後編》為底本，重加修訂，歷時二十年，於乾隆末年完成《續資治通鑑》。全書二百二十卷，記事時限與《通鑑後編》基本相同。畢沅主持編修該書時，廣泛收集宋元史料，而對《續資治通鑑長編》、《建炎以來繫年要錄》等新出史籍的利用更為此書增色不少。畢沅有感於此前《通鑑》續補作品重宋史而輕遼、金、元史的弊病，於三朝史事詳加收集，提升了該書的史料價值。畢沅還請延當時知名史家邵晉涵、章學誠、王鳴盛、錢大昕、洪亮吉、孫星衍參與編撰，該書可以視為乾嘉史學成就的代表。《續資治通鑑》刊刻後，立刻得到廣泛好評。後人還將此書與《通鑑》合刻，是為《正續資治通鑑》。

《明通鑑》

作者：夏燮　　朝代：清

乾隆以前的《通鑑》續書皆止於元代，尚無一部記載明代史事的「通鑑體」史書。有鑑於此，道咸時期學者夏燮編寫了接續《續資治通鑑》的明代編年體史書——《明通鑑》。全書九十卷，記明太祖至崇禎帝史事；另有前編四卷，記明太祖開國史事；附記六卷，記晚明弘光、隆武、永曆三朝歷史，系統完整地反映了明代各個時期的國家大事。該書史料取材以《明實錄》、《明史》、《通鑑綱目三編》為主，兼採《明會典》、《明一統志》以及稗官野史數百種，較為忠實地記錄了明代的歷史。該書的考異則糾正了《明史》中的很多錯誤，保留了豐富的史料，具有較高價值。後世學者將《明實錄》和《明史》同視為了解明代史事的基本書籍。

延伸的書、音樂、影像
Books, Audios & Videos

《資治通鑑》

作者：司馬光　注：胡三省　出版社：北京中華書局，2007年

此書為北宋司馬光奉敕編纂，與劉攽、劉恕、范祖禹共同撰著，為長篇編年體史書，總計二百九十四卷，內容自公元前403年至959年，逐年記載。此書由中華書局資治通鑑小組點校，為目前評價最好的點校本。共二十冊，並附元代胡三省的注解。

《資治通鑑考異》

作者：司馬光　出版社：台北藝文，1975年

此書為司馬光等人編纂《資治通鑑》下的「副產品」，全書共三十卷，用來說明其取捨史料的原因以及考證的過程。閱讀此書，有助於讀者了解《資治通鑑》成書過程及宋代史家嚴謹的治學方法。

《讀通鑑論》

作者：王夫之　出版社：北京中華書局，1975年

此書為清代學者王夫之讀《資治通鑑》的心得筆記，全書共三十卷。王夫之為明末清初的思想家，晚年著作《讀通鑑論》一書，其議論方式深刻精密，論點恢弘遠大，見解獨特。為了解《資治通鑑》必讀之經典作品。

《涑水紀聞》

作者：司馬光　點校：鄧廣銘、張希清　出版社：北京中華書局，1989年

此書為司馬光所見所聞之筆記，共十六卷。書中記錄了北宋太祖至神宗朝的政事瑣聞，「鼎鐺有耳」、「孤注一擲」等典故皆出於此。元祐年間欲編神宗實錄時，亦參考此書。

《司馬光評傳》

作者：李昌憲　出版社：南京大學出版社，1998年

司馬光是北宋著名的政治家、思想家，亦是偉大的史學家，此書內容包含司馬光的生平、思想、史學成就。將司馬光置於北宋中期的時代脈絡下，對其一生做出綜述，並揭示其政治主張及政治活動背後的思想基礎。

《教科書裏沒有的宋史》

作者：李之亮　出版社：中華書局，2010年

本書以生動活潑的主題述說宋代歷史，並注重人物的性格與人物之間的關係。作者李之亮為著名歷史學者，《宋代郡守通考》、《宋代路分長官通考》、《宋代京朝官通考》等書為其代表作，並曾編著《司馬溫公集編年箋注》一書。

《柏楊版資治通鑑》平裝版（72冊）

作者：司馬光　譯者：柏楊　出版社：遠流，2002年

柏楊歷時十年，以白話文譯解司馬光的《資治通鑑》，同時補錄闕漏史事，並且補注地名或官制，使今人易於理解。

《圖說資治通鑑》（三版）

作者：通鑑文化編輯部　出版：人類，2009年

本書濃縮《資治通鑑》的精華，以淺近的語言改寫成更適合閱讀的史書，並且精選千張圖片，讓讀者從人物、景觀、器物等圖像，想像過去的歷史樣貌。

《張居正講評資治通鑑》

作者：張居正 釋譯　出版社：中國陝西師範大學，2010年

張居正為明代著名宰相，本書根據他替萬曆皇帝講解《資治通鑑》的講稿整理而成，在每一段原文後面皆附上張居正的點評，指出司馬光著書背後的深刻哲理。

《赤壁》

導演：吳宇森　演員：梁朝偉、金城武、張豐毅、胡軍、張震、趙薇、林志玲

故事來自於歷史上最有名的一場戰役──赤壁之戰，其內容取材於《三國志》、《資治通鑑》、《三國演義》，其中周瑜向孫權分析敵我形式，以及周瑜拜訪劉備之事，皆出自《資治通鑑》。劇中包含草船借箭、孔明借東風以及火燒連環船等著名故事。

《大漠胭脂》

編劇：柯宗明、施如芳　演出：唐美雲歌仔戲團

故事構想來自《資治通鑑》中記載的「大義公主」故事。魏晉南北朝時的北周末年，長孫晟等人護送北周千金公主前往突厥和親，後楊堅滅北周建隋朝，曾派大使前往突厥，賜公主為「大義公主」，爾後公主被突厥可汗賜死。此劇為長孫晟與大義公主兩人之間淒美的愛情故事。

古代中國的圖像長卷 資治通鑑

原著：司馬光
導讀：張元
2.0繪圖：謝祖華

策畫：郝明義
主編：冼懿穎
美術設計：張士勇
編輯：張瑜珊
圖片編輯：陳怡慈
美術編輯：倪孟慧 戴妙容
邊欄短文寫作：馬孟龍
校對：呂佳真

感謝北京故宮博物院對本書之圖片內容提供特別支持與協助

企畫：網路與書股份有限公司
出版者：大塊文化出版股份有限公司
台北市10550南京東路四段25號11樓
www.locuspublishing.com
讀者服務專線：0800-006689
TEL：886-2-87123898　FAX：886-2-87123897
郵撥帳號：18955675
戶名：大塊文化出版股份有限公司
法律顧問：全理法律事務所董安丹律師
版權所有　翻印必究

總經銷：大和書報圖書股份有限公司
地址：新北市新莊區五工五路2號
TEL：886-2-8990-2588　FAX：886-2-2290-1658
製版：瑞豐實業股份有限公司
初版一刷：2011年2月
定價：新台幣220元
Printed in Taiwan

古代中國的圖像長卷：資治通鑑　／　司馬光原
著；張元導讀；謝祖華繪圖. -- 初版. -- 臺北
市：大塊文化, 2011.02
　　面；　公分.

　　ISBN　978-986-213-231-9（平裝）

1. 資治通鑑　2.注釋

610.23　　　　　　　　　　99026250